39,90

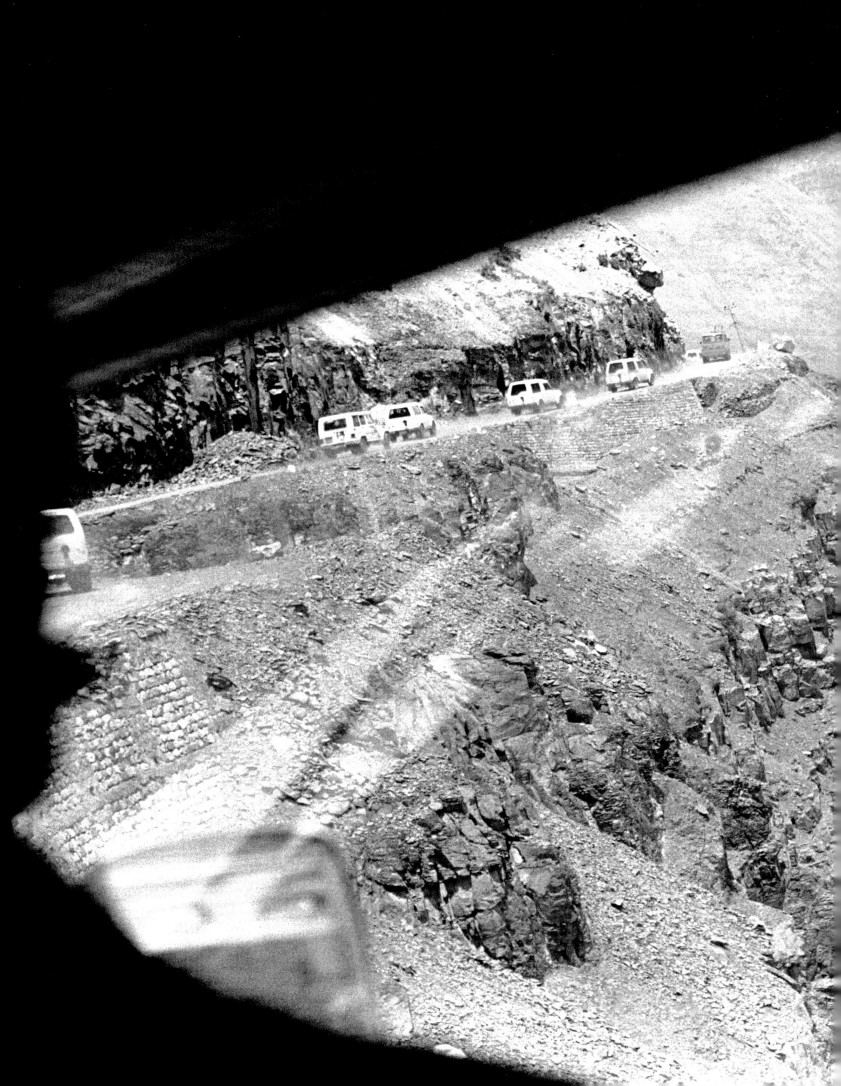

# UNTERWEGS FÜR DEN FRIEDEN

ཞི་བདེའི་ཆེད་དུ་ཡེ་བས་བསྐྱོད་བཞིན་པ།

Seine Heiligkeit der 14. Dalai Lama
fotografiert von Manuel Bauer

mit Texten von
Matthieu Ricard und Christian Schmidt

ein KONTRAST-Buch
herausgegeben von Koni Nordmann

DEUTSCHE VERLAGS-ANSTALT
MÜNCHEN

Für Nueden und Pema und die Zukunft Tibets

ནུས་ལྡན་དང་པདྨ། མ་འོངས་པའི་བོད་བཙས་ཀྱི་ཆེད་དུ་དམིགས་པའོ།

27 | Im persönlichen Meditationsraum | Residenz | Dharamsala | Himachal Pradesh | Indien | 18. Mai 2003

# DER FOTOGRAF
# UND DER MEISTER

དཔར་པ་དང་བླ་མ།

Eine Würdigung von Matthieu Ricard

_Man kann sagen, was man will: Die Fotografie, insbesondere die Porträtfotografie, ist eine Form der Zudringlichkeit. Trotz Seiner Offenheit und Seines großen Entgegenkommens flößt Seine Heiligkeit der Dalai Lama in außergewöhnlichem Maß Respekt ein. Einem Fotografen ist es also nicht möglich, Ihn wie irgendein anderes Sujet zu behandeln. Um den Dalai Lama bildlich festzuhalten, wäre man am besten unsichtbar und unhörbar. Auf diese Weise könnten unsere Augen ein vollkommenes Foto von Ihm machen. (Doch wie soll man eine solche Auffassung verständlich machen?) Wie diskret auch immer der Fotograf den Auslöser seiner Kamera drückt: Es braucht eine Art innere Erlaubnis, um in die Aura eines Wesens, für das man höchste Wertschätzung empfindet, eindringen zu können. Man muss spüren, wie man der Schönheit seine Reverenz erweist, ohne sie zu besudeln. Und man muss erkennen, wie man die Inspiration des Augenblicks mit anderen teilt, ohne diesen Moment für ein Foto zu missbrauchen.

_Ich habe Manuel Bauer bei der Arbeit erlebt. Auch unter schwierigsten Bedingungen gelingt es ihm, Zurückhaltung und Demut mit einem aufmerksamen Blick zu verbinden, dem nichts entgeht. Manuel weiß, wie man sich unsichtbar macht und doch präsent ist, wenn der magische Moment, der nicht wiederkehrt, sich darbietet. Dies ist keine leichte Aufgabe. Da sind die strikten Sicherheitsmaßnahmen zum Schutz Seiner Heiligkeit, der die tibetische Sache verkörpert. Da ist Sein strenger Zeitplan, und da sind die unablässigen Reisen. Bauer erweist sich angesichts dieser Schwierigkeiten als sehr gewandt. Er beherrscht es auch, die Heiterkeit des Dalai Lama in Momenten der Besinnung und der inneren Sammlung zu nutzen, Momente, in denen ein Fotograf rasch als störend empfunden wird. Ich habe selber während über dreißig Jahren meinen spirituellen Meister fotografiert und weiß, wie schwierig es ist, durch den Sucher zu schauen, anstatt einfach die Fülle der Gegenwart zu genießen. Doch der Wille, diesen Reichtum mit anderen zu teilen, ist oft stärker als der Wunsch, die erfahrene Heiterkeit um einige Augenblicke zu verlängern.

_In Anwesenheit eines spirituellen Meisters muss sich der Fotograf derselben Eigenschaften befleißigen, die man von einem Schüler erwartet. Gleich einem Schwan, der auf einem Teich treibt, ohne die Lotusblüten zu stören, muss der Fotograf behutsam vorgehen, so dass er eher auf ein Foto verzichtet, als aufdringlich zu erscheinen. Und wie eine Brücke, die alle Passanten trägt, muss er alle Umstände ertragen, die angenehmen und die widrigen. Er muss sein wie ein Schiff, das bei jedem Wetter unbeirrt seine Spur zieht.

_Und wie der Schüler muss auch der Fotograf die sechs buddhistischen Paramitas (Vollkommenheiten) beherzigen: Großzügigkeit, Disziplin, Geduld, Ausdauer, Konzentration, Weisheit. Manuel ist großzügig, wenn er allen Menschen unvergessliche, bewegende Bilder Seiner Heiligkeit darreicht. Die Disziplin erlaubt Manuel, die Grenze zur Aufdringlichkeit zu erkennen. Seine große Geduld ermöglicht es ihm, stundenlang auszuharren und doch bereit zu sein, sich in ein Geschehen einzufügen, über das er keine Kontrolle hat. Er muss imstande sein, tage- und monatelang auf jene Fotografie zu warten, von der er träumt. Er ist ausdauernd, wenn er im Morgengrauen aufstehen und den ganzen Tag unterwegs sein muss. Er ist konzentriert, wenn es darum geht, unter schwierigsten technischen Bedingungen ein gutes Foto zu machen. Und weise ist er, wenn er heiter bleibt, wenn er die Dinge genießt, ohne ihnen zu verfallen, wenn er seine persönlichen Bedürfnisse zurückstellt und wenn er die Früchte seiner Arbeit mit anderen teilt. Der Fotograf sollte den Moment mit jenem Feingefühl erhaschen, mit dem man eine Mohnblume pflückt, ohne die Blütenblätter zu zerstören. Mit jenem Entzücken, mit dem man einem klingenden Kristallglas lauscht, ohne seinen Klang verstummen zu lassen.

_Im Laufe der Jahre und dank dem privilegierten Zugang, den ihm der Meister und Seine Umgebung gewährt haben, hat Manuel beharrlich und kunstvoll, mit Sensibilität und Humor Bilder geschaffen, die die Welt inspirieren und bewegen. Er hat ein einzigartiges und unersetzliches Porträt einer herausragenden Persönlichkeit der Menschheitsgeschichte entworfen. Dafür sei ihm gedankt.

Aus dem Französischen von Georg Sütterlin

33 | Residenzhügel | Dharamsala | Himachal Pradesh | Indien | 11. August 2004

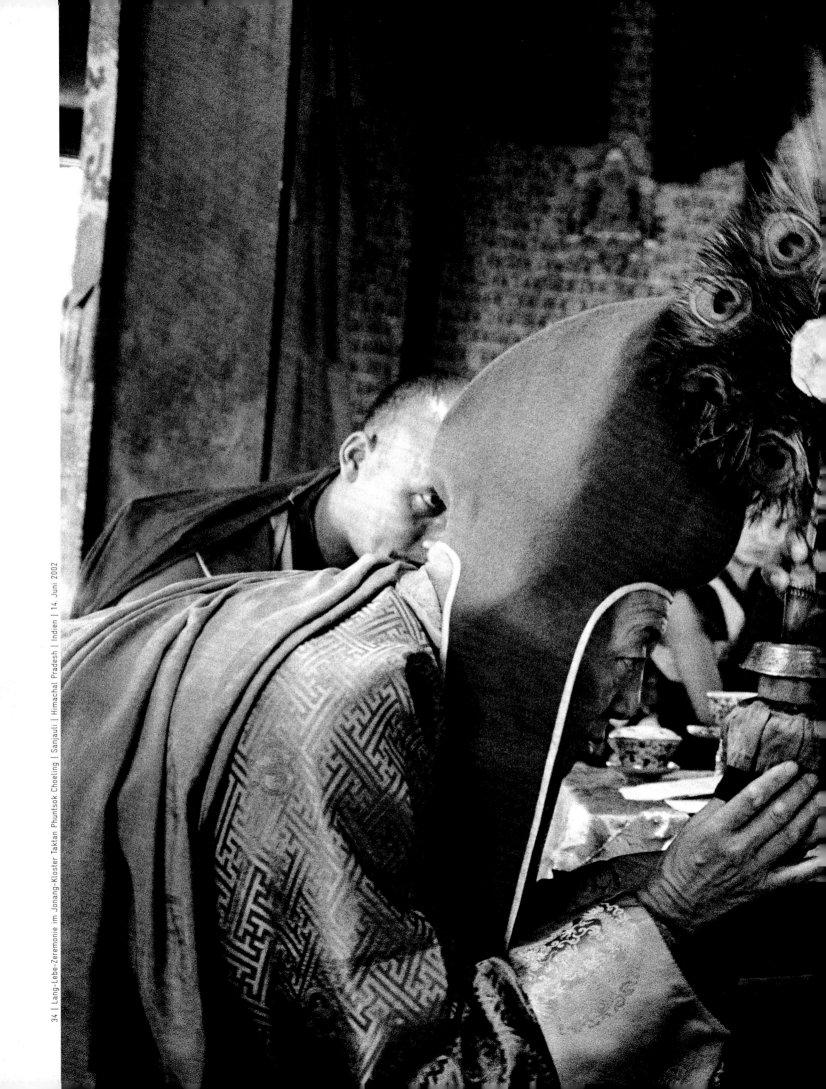

# DER MÖNCH

དགེ་སློང་།

Seine Heiligkeit der 14. Dalai Lama im Gespräch
mit Matthieu Ricard, Christian Schmidt und Manuel Bauer

von Christian Schmidt

Der Dalai Lama sitzt auf seinem Thron und wiegt den Oberkörper hin und her, als befinde er sich auf hoher See, als sei er der Kapitän und das zu seinen Füßen dicht an dicht sitzende Publikum die Passagiere. Tatsächlich hat das Stadion Bercy nahe am Ufer der Seine die Form eines Schiffsrumpfes, und so scheint es nun fast zur Arche zu werden. Achttausend sind gekommen; gemeinsam sind sie unterwegs und versuchen den Anfang des Fadens zu erhaschen, an dessen unsichtbarem Ende sie das Nirwana vermuten. Sie sitzen eine Woche lang, und kein einziges Mal klingelt ein Handy.

_Es ist der vierte Tag der Unterweisungen, die der Dalai Lama in Paris zum Thema «L'Art du Bonheur» gibt. Nach der Lesung am Morgen hat er sich in das Untergeschoß des Stadions zurückgezogen und in seinem Ruheraum schnell etwas gegessen. Nun ist es kurz nach zwölf Uhr, und wir warten darauf, zu einer offiziellen Audienz vorgelassen zu werden. Heute sind wir nicht die Schatten eines der weisesten Männer dieser Welt; es ist nicht halb vier Uhr morgens, wenn Fotograf Manuel Bauer dokumentiert, wie der Dalai Lama die ersten Mantras des Tages murmelt. Und der Franzose Matthieu Ricard, buddhistischer Mönch und Studienobjekt der Neurologen-Elite, welche die erstaunlichen Auswirkungen der Meditation auf das menschliche Gehirn untersucht, sitzt nicht als Übersetzer zu seinen Füßen. Heute sitzen wir dem Dalai Lama als Interviewer gegenüber – zu dritt, damit wir seiner geistigen Präsenz und seinem Tempo gewachsen sind.

_Drei Mal hat der Dalai Lama dieses erste Treffen verschieben müssen, kurzfristig jeweils, drei Mal haben wir vergeblich gewartet in der VIP-Lounge, wo wir seiner Stimme zuhörten, von Lautsprechern aus dem Stadion hereingetragen. Drei Mal erzählten wir uns zur Entspannung Anekdoten. Zum Beispiel, wie der Dalai Lama der Gattin des französischen Staatspräsidenten eine Buddhastatue zeigt und dazu erklärt: «Das ist mein Boss!» Er sagte es mitten in einem Tempel, wo das Flackern der Butterlampen das lauteste Geräusch ist. Danielle Mitterrand konnte sich nur mit größter Mühe ein Lachen verkneifen. Als Teenager holte er eines Nachts das Auto des verstorbenen 13. Dalai Lama aus der Garage und fuhr es gegen einen Baum. Manchmal träumt er von Frauen, so schön wie Göttinnen, und in Dharamsala, an seinem Exilsitz, trainiert er jeden Tag in der Früh auf dem Laufband. Dazu betet er. Buddhistisches Multitasking. – Verhält sich so ein Heiliger, ein Erleuchteter?

_Wieso nicht?

_Heute hat Privatsekretär Tenzin Geyche Tethong nicht angerufen und sich in freundlich gewundenen Worten für seinen Chef entschuldigt, der in seiner Offenheit gegenüber der Welt und seiner Anteilnahme an allem, was die Menschen beschäftigt, grundsätzlich immer Zeit haben will, das unmögliche Puzzle seiner Agenda aber dem Privatsekretär überlässt.

_Tenzin Geyche Tethong holt uns ab, wir steigen in den Lift. Als er im Untergeschoss hält, wird es plötzlich still, und augenblicklich steigt die Spannung. Ist es eine Täuschung, oder spüren wir die Anwesenheit des Dalai Lama? Esoterischer Kitsch, oder würden wir ihn in diesem Labyrinth auch ohne Hilfe finden? An den Kreuzungen der langen Korridore stehen starr und schweigend Leibwächter. Wir gehen an ihnen vorbei, entlang an grauen Betonwänden, dann und wann kreuzt uns ein Bediensteter aus der Entourage, lächelnd einen Gruß wispernd. Endlich bleibt Tenzin Geyche Tethong vor einer Tür stehen und flüstert: «Hier!»

_Wir werden den Dalai Lama auf diese Ausstrahlung ansprechen. Kann man ihn, den die Tibeter respektvoll «Kundun» oder «Gegenwart» nennen, auf Distanz spüren? Zuerst wird er bescheiden ablehnen, dann aber doch zugeben, dass sein Erscheinen manchmal Konsequenzen hat, zum Beispiel taucht ein Regenbogen am Himmel auf, etwa bei Einweihungsritualen. Doch im nächsten Satz wird er gleich wieder von sich ablenken: «Solche Dinge ereignen sich zufällig.» Nicht er macht das. «Das sind Geister. Lokale Geister.» Ein solcher Regenbogen entstehe, wenn ein Geist «glücklich» sei. Einmal, erzählt der Dalai Lama, in Ladakh, erschien eine Windhose bei einem Auftritt und kam direkt auf die Pilger zu, die ihn umringten. Ein unzufriedener Geist. Als Staub und Äste durch die Luft flogen, sei es ihm nicht mehr ganz wohl gewesen, gibt er zu. Er sorgte sich um die Menschen. Aber plötzlich schlug «der kleine Zyklon» einen Haken, wurde schwächer und sauste in einem großen Bogen um die Gruppe herum; der Geist hatte es sich anders überlegt. «Ziemlich erstaunlich.» Hat der Dalai Lama das vollbracht? «Oh nein – nein – nein, ich habe keine solchen Kräfte, sicher nicht.» Er hat nur, wie er sich ausdrückt, «ein klein wenig positive Energie». Der Dalai Lama lacht. Wie auch immer. Jedenfalls weiß er, was wir mit dem Thema «Ausstrahlung» meinen. Auch er fühlte sich einmal «wie von einem Magneten» angezogen. Das war 1954. In Peking.

_Der Magnet hieß Mao Tse-tung.

_Im spärlich beleuchteten Raum zeichnet sich eine Gruppe Polstersessel ab, Seidentücher hängen an den Wänden. Der Dalai Lama mag kein helles Licht. Kaum zu erkennen, sitzt er am Kopf eines Salontisches, ein Bein untergeschlagen, eingehüllt in seine safrangelbe und granatrote Robe – es sind die beiden Farben, die Buddha den Mönchen zu tragen gestattet hat: Gelb steht für Wachstum und wirkt gegen Stolz, Rot bedeutet Kraft und hilft Begehren zu überwinden. Wir nähern uns, wie man sich dem Dalai Lama nähert: in gebückter Form, die Hände vor der Brust zusammengelegt, seinen Blick von unten suchend. Wir bleiben stehen und warten, bis er auf uns zukommt und die Hände nimmt. Dazu murmeln wir einen Willkommensgruß, der mit «Ihre Heiligkeit...» beginnt, und entbieten ihm als Geschenk eine weiße Seidenschärpe, eine Kata. So will es das – ungeschriebene – Protokoll. Erwartet der unkomplizierte Weise also doch Respektsbezeugungen?

_Erst später beim Abschied wird sich zeigen: Der Dalai Lama beugt sich selbst genauso tief. Unmöglich ist es ihm, sich über andere Menschen zu stellen. Und er wird sich sogar so tief beugen, dass die Köpfe zusammenschlagen.

_Die erste Frage: Ist es manchmal schwierig, der Dalai Lama zu sein? Der Dalai Lama denkt kurz nach; dann beginnt er zu sprechen, in seinem warmen Bariton. Die Stimme springt in den Kopf, fällt in die Tiefe, geht in ein Lachen, manchmal in ein Räuspern über, als würde sie nur so wieder in ihre normale Lage finden, verharrt hier, aber nie ohne ihren singenden Unterton zu verlieren.

_«Nein, es ist nicht besonders schwierig. Aufgrund meines Namens eröffnen sich mir zwar Vorteile, die andere nicht haben, doch der Dalai Lama ist nur ein einfacher Mönch. Ich betrachte alle Menschen als gleichwertig. Da gibt es keine Unterschiede. Kürzlich traf ich mich mit einem indischen Regierungsvertreter. Mit dabei war neben seiner Familie auch eine Hausangestellte, die das kleinste Kind trug. Am Schluss schüttelte ich allen die Hand. Natürlich nahm ich auch die Hand der Angestellten, auf die genau gleiche Art wie die der anderen. Aaah, das war eine kleine Überraschung! – Bereits als Kind hatte ich zu meinen eigenen Bediensteten immer ein sehr gutes Verhältnis. Zwar hatten alle Respekt vor mir, und sie waren mir ergeben. Aber einige von ihnen waren auch meine Spielgefährten, und wenn es ums Spielen ging, sahen sie in mir nie den Dalai Lama. Wenn sie gewinnen konnten, dann gewannen sie auch. So rannten sie meistens schneller als ich. Das wussten sie, und sie machten sich einen Spaß daraus. Ich rannte nur schnell, wenn es um Essbares ging, um Früchte oder Kuchen, dann gab ich alles!»

_Sein Lachen verhallt.

_Die Gelassenheit des Dalai Lama im Umgang mit Protokollen und Förmlichkeiten verblüfft im Westen. Entscheidet er sich, im Capitol in Washington mit einer Garderobenfrau zu plaudern, so kümmert es ihn nicht, dass hinter ihm der Tross seines Gastgebers aufläuft und warten muss. Ihn interessiert der Mensch; ob er auf oder hinter der Bühne steht, ist ihm egal. Als bei einem Bankett im Europa-Parlament die Präsidentin und einige ihrer insgesamt 14 Vizepräsidenten um die Tische stehen und darauf warten, dass der Ehrengast sich setzt, entdeckt der Dalai Lama die durch einen Spalt der Küchentüre linsenden Köche. Er dreht sich um und geht zu ihnen, macht Scherze, schnuppert und verkündet erfreut: «Riecht gut!» Natürlich erntet er Gelächter. Doch das ist nicht nur Nonchalance; es ist mehr: Als der Dalai Lama nach diesem Bankett in seiner Umhängetasche zu kramen beginnt und schließlich eine Zahnbürste hervorzaubert, wissen alle hundert Ehrengäste, dass er sich nun die Zähne putzen will – obwohl man Verspätung hat und die Lichtschranken sämtlicher Lifte bereits blockiert sind. Klar wird ihnen aber auch, dass nun das auf die Minute festgelegte Programm zusammenbrechen wird. Und mit ihm auch die bisher angestrengte Stimmung. Plötzlich kommen sich die Menschen näher; es entsteht jenes Verständnis, das letztlich die Verhandlungen auf der Bühne der Weltpolitik positiv zu beeinflussen vermag.

_Möglicherweise ist es tatsächlich nicht so schwierig, der Dalai Lama zu sein – zumindest in seinem eigenen Umfeld. Als wir fragen, ob sich überhaupt jemand getraue, ihm Widerstand zu leisten, sagt der Dalai Lama «oh ja» und zitiert zwei Beispiele aus dem Leben seiner Vorgänger – keines aus dem eigenen. Das eine: Ein Geshe[1] sitzt eines Tages dösend vor dem Zimmer des 5. Dalai Lama in der Sonne, die Robe über den Kopf gezogen. Der Dalai Lama muss den Geshe drei Mal anrufen, bis er reagiert, doch auch dann «antwortet er eher widerwillig, ohne die übliche Respektsbezeugung». Das andere Beispiel: Als der 13. Dalai Lama eines Tages durch seinen Garten geht, fragt er nach dem Namen einer Blume. Der Gärtnermönch erwidert in unwirschem Ton, das sei eine Blume, die der Dalai Lama bereits kenne. «Nun, solche Dinge passieren, das ist ganz natürlich», kommentiert der Dalai Lama. Er sagt das im Ton, als habe er soeben von zwei erstaunlichen Frechheiten berichtet.

_Es ist ein langer Weg, den dieser Mann hinter sich hat. Der 14. Dalai Lama wurde im Dorf Taktser geboren, einer Ansammlung von Lehmhäusern, umgeben von 6000 Meter hohen Bergen, gelegen an der ehemaligen Seidenstraße. Sechzehn Kinder hatte seine Mutter zur Welt gebracht, sieben überlebten. Nach westlicher Zeitrechnung kam der Knabe in den frühen Morgenstunden des 6. Juli 1935 zur Welt, nach tibetischer Rechnung am fünften Tag des fünften Monats des Holz-Schweine-Jahres. Geboren wurde er im Stall, inmitten wiederkäuender Yaks.

_Heute ist der Dalai Lama international eine der meist respektierten Persönlichkeiten, unter anderem, weil er den Modebegriff «Altruismus» nicht nur im Munde führt, sondern tatsächlich auch danach lebt – und zwar auf erfrischende Art. Nicht zuletzt deshalb findet er auch im Westen immer mehr Anhänger. Da bietet endlich jemand ein Leitseil in einer Welt, in der wir uns zunehmend entfremdet fühlen. Wir wissen zwar immer mehr, aber irgendwie nicht das Richtige. Wir stellen letzte Fragen und finden uns ohne Antwort wieder auf Feld eins. Wir suchen nach Halt, wo sich nichts verankern lässt. Der Dalai Lama gibt eine Richtung an in dieser allgemeinen Orientierungslosigkeit. Er teilt seinem Publikum scheinbar schlichte Erkenntnisse mit, die auf einem im Lauf von 2500 Jahren perfektionierten Denksystem beruhen. Und er erstaunt mit dem aufregenden Versprechen, dass in jedem von uns Buddha schlummert. Wir können alle bessere Menschen werden. Wenn wir nur wollen.

_«Von morgens früh bis spät in die Nacht, und sogar in unseren Träumen, nehmen wir die verschiedensten Dinge wahr. Wir sind einmal entspannt, einmal wütend; wir begehren, wir zeigen Mitgefühl. Doch das sind vorübergehende Zustände. Sie kommen und gehen, vom einen Moment zum anderen. Aber da gibt es zweifellos etwas, das über all dem steht, eine Kontinuität des Wahrnehmens, unabhängig davon, ob wir wach sind oder nicht. Doch dieses Etwas bleibt uns üblicherweise verborgen, wie hinter einem Vorhang. Wir müssen diesen Vorhang zurückziehen.»

_Ihn selbst beunruhigt dieses wachsende Interesse außerhalb Asiens. Skeptisch schaut er auf seinen Erfolg und versteht nicht genau, weshalb die Schauspielerin Sharon Stone mit ihm dinieren will. Was erwartet man

[1] GESHE: buddhistischer Gelehrter

von ihm? Nicht er hat die Idee, in Paris seine Belehrungen zu halten, er wird eingeladen. Er fordert niemanden auf, ihn auf seinem Weg zur Verbesserung der Welt zu begleiten. Als Buddhist missioniert er nicht. Aber nicht nur das. An die Adresse seines westlichen Publikums sagt er: Entscheidend ist nicht, welchem Glauben oder welcher Lehre man folgt. Wichtig ist, mit welcher Motivation und mit welchem Einsatz man es tut.

_«Nur einige Rituale lernen und in Mönchskleidern herumgehen, macht nicht viel Sinn.»

_Doch was ist der tatsächliche Grund für die Popularität des Dalai Lama? Oder anders gefragt: Würde man ihn auch in die Metropolen der westlichen Welt einladen, wenn China sein Land nicht besetzt hätte? Wäre der Dalai Lama ohne seinen Feind nichts mehr als ein lokaler Heiliger am Rand der Welt, Oberhaupt von sechs Millionen Menschen, die auf Entwicklungshilfe angewiesen sind? Ist er nur so begehrt und mächtig, weil er letztlich ohnmächtig ist?

_Seit 1949 kämpft der Dalai Lama mit der Großmacht China. Friedlich und gewaltlos, weitgehend auf sich allein gestellt, diplomatisch äußerst geschickt und politisch insofern erfolgreich, als es ihm gelingt, das Interesse der Weltöffentlichkeit immer wieder auf sein kleines Land zu richten, politisch aber auch insofern erfolglos, als sein Streben nach mehr Autonomie für sein Land bis heute vergeblich geblieben ist. Eine Mehrheit der Staatspräsidenten und Premiers empfängt ihn inzwischen zwar freundlich, weiter geht ihr Engagement jedoch nicht. Zu groß sind Macht und Einfluss der Nachfolger Maos, entsprechend ungeahndet bleibt ihre starrsinnige Haltung. Sogar die UNO hält sich beim Thema «Tibet» zurück. Die Generalversammlung hat den Einmarsch Chinas mit drei Resolutionen verurteilt, ohne Konsequenzen folgen zu lassen. Und als die Organisation im Jahr 2000 ein Treffen der weltweit bedeutendsten Geistlichen plant, verschickt das Generalsekretariat in New York zwar tausend Einladungen, doch nach Dharamsala, dem Exilsitz des Dalai Lama, kommt keine, auf Druck Chinas, wie sich erweisen sollte. Niemand will sich an der Tibet-Frage die Finger verbrennen.[2]

_Nicht einmal der Dalai Lama. Als wir ihn darauf ansprechen, wie er die fünf Sterne auf der chinesischen Flagge auslegt, setzt er zu einer Antwort an, unterbricht und macht klar, dass er sich «in diesem Buch» dazu nicht äußern will. Obwohl er andernorts bereits deutlich Stellung bezogen hat. Wir respektieren seinen Wunsch und drängen nicht. Über die Gründe seines Schweigens lässt sich nur spekulieren: Im Buddhismus zählt es zu den höchsten Tugenden, immer auch seine Feinde zu lieben und nie Hass zu empfinden; so bezeichnet der Dalai Lama die Chinesen unverdrossen weiterhin als «meine Brüder und Schwestern». Doch an diesem Tag allerdings scheint er kein weiteres Öl in das Feuer gießen zu wollen; denn kurz zuvor hat er China einmal mehr des «kulturellen Genozids» an seinem Volk bezichtigt, worauf China mit dem Vorwurf konterte, er betreibe «sezessionistische Aktivitäten».

_Darum hier nur die Auslegung der Flagge aus chinesischer Perspektive: Der große Stern steht für die kommunistische Partei Chinas, die kleinen symbolisieren die vier Schichten der Bevölkerung: Arbeiter, Bauern, Kleinbürger und so genannte patriotische Kapitalisten. Gleichzeitig stehen die Sterne aber auch für China, Tibet, Mongolei, Mandschurei und Xinjiang. Die vier Trabanten sollen als Teil «der Völkerfamilie des Mutterlandes» verstanden werden, und sie müssen laut Peking in den großen Stern «zurückkehren».

_«Hmmm. Wer ist ein guter Politiker?… Schwierige Frage. Wenn ich an einen wirklich guten Politiker denke, dann an Willy Brandt. An ihm beeindruckt mich sein Einsatz während des Kalten Krieges. Ganz allein begann er mit Leonid Breschnew eine positive Beziehung aufzubauen. Das war großartig! Dafür bewundere ich ihn. Mit Rajendra Prasad, dem ersten Präsidenten Indiens, verstand ich mich auch sehr gut. Sehr spiritueller Mensch. Sehr ehrfürchtig, sehr ruhig. Er strahlte zwar weniger Selbstsicherheit aus als Mao Tse-tung, dafür war auch nichts Diktatorisches an ihm. Unter den lebenden Führern, da ist es Vaclav Havel. Ich liebe ihn, ich respektiere ihn. Sehr netter Mensch, sehr nett. Ja, und dann Expräsident

[2] Der Druck Chinas und der Gegendruck europäischer Länder führen zu einem Kompromiss: Die UNO bietet dem Dalai Lama an, in einem Nebengebäude aufzutreten, was er allerdings ablehnt. – Das Hickhack um die Teilnahme wird schließlich zu einem der bestimmenden Themen der Konferenz.

Jimmy Carter. Er ist sehr präzis, und er denkt praktisch und ist witzig! Auch der englische Premier Tony Blair hat eine ähnliche Art, scharf und klar. Und Präsident George W. Bush hat sich bei unserem letzten Treffen sofort nach der Situation in Tibet erkundigt. Sofort. Er ist ein angenehmer Mensch, sehr einfach im Umgang. Als wir beim Tee saßen, fragte ich ihn: ›Welche Kekse sind gut?‹ Und er antwortete: ›Diese hier. Sie können sich darauf verlassen. Ich habe sie schon gekostet!‹ Der Dalai Lama lacht. – Aber ich habe keine Gelegenheit, längere Zeit mit einem Staatspräsidenten zu verbringen. Während der kurzen Treffen, da sind alle freundlich. Würde ich längere Zeit mit ihnen verbringen, dann weiß ich nicht … Er lacht erneut. Sicher gibt es solche, die sich, wie Sie sagen, die Finger nicht verbrennen wollen. Doch ich verstehe das, und es enttäuscht mich nicht. – Weshalb? – Weil ich weise bin! Lachen. Nein, die Wirklichkeit ist nicht so einfach. China ist sehr wichtig, eine sehr große Nation. Geld ist auch sehr wichtig, ebenso internationale Beziehungen, internationale Politik. Das muss man alles berücksichtigen. Eigentlich bin ich immer wieder erstaunt, dass dem Thema Tibet so viel Aufmerksamkeit gezollt wird, denn politisch gesehen ist es unbedeutend. Aber natürlich ist die Situation enttäuschend. Aber so ist es mit vielen Dingen.»

_Der junge Dalai Lama kommt in Tibet an die Spitze eines Landes, das an einen Gottesstaat vergangener Jahrhunderte erinnert. Beim Einzug in Lhasa sitzt der Knabe in einer goldenen Sänfte, die von Männern in roten Uniformen mit gelben Mützen getragen wird. Darüber schweben zwei Schirme, der eine goldfarben, der andere im schillernden Grün der Pfauenfedern. Vor der Sänfte marschiert seine Dienerschaft, dahinter folgen Eltern und Geschwister; ihnen schließen sich Mönche an, die weltlichen Staatsbeamten, Minister des Kabinetts und die Äbte, in Umhänge aus Goldbrokat gehüllt. Endlos lang ist der Festzug für den kleinen Gottkönig, der zum ersten Mal seinem Volk vorgeführt wird. Zu Tausenden stehen die Tibeter da, im Schmutz und Staub der unbefestigten Straßen. Als das Kind vorbeigetragen wird, starren sie auf den Boden. Ihn direkt anzusehen, ist ihnen nicht gestattet; denn der Junge aus Taktser, bis dahin Lhamo Thondup gerufen, ist nun Jetsun Jamphel Ngawang Lobsang Yeshe Tenzin Gyatso – die Erhabene Herrlichkeit, der Heilige Herr, der Beredte, der Reine Geist, der Allwissende Bewahrer der Lehre und der Ozean der Weisheit – kurz Tenzin Gyatso oder Dalai Lama[3].

_Der junge Mönch erhält eine Reihe von Zimmern im obersten Geschoss seines Palastes, des Potala. Getrennt von der Familie, lebt er nun in einem goldenen Käfig. Er verfügt zwar über die einzige westliche Toilette im Gebäude mit seinen tausend Zimmern, doch nachts im Holzbett hinter den roten Vorhängen fürchtet er sich vor Gespenstern. Er hört den Mäusen zu, wie sie über den Boden trippeln und am Altar die Opfergaben stehlen. Gefallen findet er an den zahlreichen Geschenken, mit denen ausländische Delegationen die Aufmerksamkeit des jungen Würdenträgers zu erheischen versuchen: eine Spielzeugeisenbahn, Zinnsoldaten, Uhren, ein mechanischer Baukasten und ein rotes Tretauto. Die Sachen kommen aus dem Westen und sind weit interessanter als die Stapel wertvoller Thangkas[4] oder die wunderbar gearbeiteten Buddhafiguren, die er von Besuchern aus Asien erhält.

_Mit zwölf Jahren nimmt er bereits an den Regierungssitzungen teil, und täglich erhält er Unterricht in buddhistischer Philosophie, Logik, tibetischer Kultur, Astrologie, Kalligraphie, Metaphysik, Dialektik und Rhetorik. Der junge Dalai Lama ist kein fleißiger Schüler, weshalb die Lehrer um seine Fortschritte bangen. Um ihn herauszufordern, organisieren sie einen Wissenswettbewerb. Gegner des Dalai Lama ist einer seiner Diener. Nur: Dem Diener haben die Lehrer bereits die richtigen Antworten eingetrichtert. Die Lektion verfehlt ihre Wirkung nicht.

_Aber der Dalai Lama ist auch ein ganz normales Kind, das gern Unfug treibt. So wirft der Knabe aus dem obersten Stock des Potala Glühbirnen auf den Vorplatz, um zu lauschen, wie sie hier mit einem beeindru-

---

[3] LAMA: wörtlich «der Obere», tibetisch für das Sanskritwort «Guru».
DALAI LAMA: mongolisch/tibetisch für «Ozean der Weisheit».

[4] THANGKAS: Tibetische Rollbilder. Für den Gläubigen sind sie Hilfsmittel auf dem Weg zur Befreiung von Übel und Leiden.
Thangkas werden deshalb auch «mthong grol» genannt, übersetzt «Befreiung durch Sehen».

ckenden Knall zerbersten. Manchmal spuckt er auch hinunter und beobachtet die Blasen, welche der Speichel im Flug macht. Fotos aus dieser Zeit zeigen einen langaufgeschossenen, etwas verlegen posierenden Teenager mit weichen Gesichtszügen. Äußerlich ist er unauffällig, zumindest in den Augen jener, die Erleuchtete nicht zu erkennen vermögen. Nichts spricht dagegen, dass aus dem Jüngling mit der Brille ein «Ingenieur» werden könnte – es ist die häufigste Antwort auf die Frage, was der Dalai Lama für einen Beruf gewählt hätte, wäre er nicht als Reinkarnation erkannt worden. Einige Charakterzüge seiner Eltern finden sich auch bei ihm. Seine Mutter wird als gütige Person beschrieben, die das eigene Wohl in den Hintergrund stellt und nie die Hoffnung auf eine bessere Zukunft aufgibt. Der Vater dagegen gilt als aufbrausend und jähzornig. Er profitiert ungeniert von seiner Position, zahlt keine Steuern und presst den Bauern die besten Pferde ab. Als wir dieses Thema mit Privatsekretär Tethong diskutieren, schüttelt er den Kopf: Wir sollen das bei unseren Gesprächen weglassen.

_Wie sieht sich dieser Junge heute selbst? Hat Seine Heiligkeit Züge, die er lieber nicht hätte? Was ist von diesem Jähzorn geblieben? Oder demütiger gefragt: Kann ein Erleuchteter überhaupt Charakterfehler haben? Fragen kann man den Dalai Lama alles, doch die Grenzen setzt er mit seiner Art zu antworten: Reagiert er mit zwei Sätzen, die er mit der Aufforderung «Next Question!» und einer energischen Handbewegung beschließt? Fällt er plötzlich vom Englischen ins Tibetische? Lacht er wirklich nur aus Vergnügen so häufig? Oder lacht er, um abzulenken, weil ihm die Frage aus seiner Perspektive allzu merkwürdig scheint und er den Fragesteller nicht bloßstellen möchte? Wann macht er eine Pause und wartet, bis Privatsekretär Tethong einspringt und mit dem Wissen aus unzähligen früheren Interviews seine Gedanken gekonnt vollendet? Klar bleibt jedenfalls, wer das Gespräch führt. Der Dalai Lama gibt die Kontrolle nie aus der Hand. Falsch wäre es anzunehmen, er verstehe nicht zu regieren.

_«Es macht wenig Sinn, dass ich über meinen Charakter rede. Darüber sollen sich andere äußern. – Was ich sagen kann: Als Kind war ich in der Tat ziemlich jähzornig, aber das scheint sich geändert zu haben. Heute werde ich nur noch ab und zu wütend, wie kürzlich in Madrid. Ich wartete im Hotel auf das Gepäck, das vom Flughafen eintreffen sollte, und es kam nicht. Niemand wusste, wo es sich befindet. Das ist dumm! Es war irgendwo unterwegs, irgendwo. Da verlor ich meine Beherrschung! Aber das hatte einen Grund. Im Gepäck befanden sich meine tibetischen Medikamente, ich hatte Bauchschmerzen, also brauchte ich mein Gepäck. – Grundsätzlich denke ich, dass Gefühle mit unserer menschlichen Intelligenz einhergehen. Eine Person ohne Gefühle wäre sehr kalt, sehr trocken. Gefühle sind Teil unseres Lebens; sie können hilfreich oder schädigend sein. Unsere Intelligenz hat die Verantwortung, sie zu überprüfen und zu kontrollieren. Gefühle sind der Grund, Dharma[5] zu praktizieren. In meinem eigenen Fall, wenn Gefühle auftauchen, helfen mir meine Weisheit und Erfahrung. So sind sie kein großes Problem. Aber manchmal tauchen sie auch im Traum auf. Ich kämpfe gegen Menschen. Ich habe etwas in der Hand und versuche sie zu schlagen, aber dann erinnere ich mich plötzlich, mitten im Schlaf, dass ich ein Mönch bin und nicht kämpfen soll. Oder dann träume ich von Frauen, die sich mir nähern. Ja, es sind hübsche Frauen…» Der Dalai Lama lacht und fällt ins Tibetische, Privatsekretär Tethong übersetzt. «Wenn sie nicht hübsch wären, dann wären sie auch keine Gefahr!» Noch immer lacht der Dalai Lama. «Manche sehen aus wie Gemälde. Doch auch hier reagiere ich gleich: Ich sage mir, dass ich ein Mönch bin…»

_Im Innern von Tenzin Gyatso, dem Ozean der Weisheit, ist es keineswegs still und ruhig. An seinem Exilsitz im indischen Dharamsala zieht er sich manchmal unvermittelt zurück, sagt alle Audienzen ab und zeigt sich seinem Volk nicht einmal an hohen Feiertagen. Manchmal ist es eine Belehrung, die ihn in Klausur gehen läßt, oder die mündliche Überlieferung eines heiligen Textes, oder sein Bedürfnis nach stiller

---

[5] DHARMA ist die umfassende Lehre Buddhas.

Einkehr ist schlicht übermächtig. Der Dalai Lama versinkt dann in Stille, in innerer Betrachtung, mit dem Enthusiasmus des ewig Wissbegierigen. Er macht sich auf, die Welt zu verstehen und Veränderungen durch systematisches Hinterfragen zu erreichen. Er will innerlich weiter wachsen und zu noch tiefer empfundenen Überzeugungen gelangen. Das kann Tage, ja Wochen dauern. Dann taucht er wieder auf und lässt die Welt an seinen Erkenntnissen teilhaben: Was der Dalai Lama besitzt, das gibt er weiter. Und was er zu geben hat, scheint unerschöpflich. Er kann eine Woche lang ohne Manuskript sprechen, vor sich nur die heiligen Texte, aus denen er zitiert. Jedes Wort ist dabei nicht mehr als ein einzelnes Atom in diesem Ozean der Weisheit, jeder Satz ein Molekül, jede Belehrung ein einzelner Tropfen. Tashi, stets mitreisender Ritualmeister, bereitet im Hintergrund die Umhängetasche des Dalai Lama vor.

Die Audienz in Paris ist bald zu Ende; über unseren Köpfen füllt sich das Stadion für die Unterweisung am Nachmittag. Bald wird er wieder auf seinem Thron sitzen, auf dem Kopf eine Mütze, wie sie Tennisspieler tragen, nur aus einem Schirm und einem Gummiband bestehend. Vor dem Hintergrund des Altars wirkt sie lächerlich. Aber das ist dem Dalai Lama gleichgültig. Er braucht sie. Damit er trotz blendender Scheinwerfer das Publikum sieht. Er sagt: Nicht ich bin wichtig; die anderen sind wichtig. Er ist nicht gekommen, um sich zu profilieren, er ist hier, um den Menschen beizustehen und ihnen zu erklären, wie sie ihr Leiden verringern können. Mit diesem Schild über den Augen wird er also zu ihnen reden, er wird damit beten und sich gleichzeitig am Kopf kratzen.

«Solange Raum und Zeit bestehen
Solange fühlende Wesen leben
Solange möge auch ich verweilen
um das Leiden der Welt zu vertreiben.»

Er wird von der Kunst des Glücklichseins sprechen, von der Unsicherheit und Unbeständigkeit der menschlichen Existenz: Ein Spiegel reflektiert zwar unser Gesicht, aber das Bild geht nicht in den Spiegel hinein, und ohne Spiegel existiert es nicht. Wer sind wir? Er wird darlegen, dass es sich mit zerstörerischen Gefühlen gleich verhält wie mit dem Spiegel: Solche Gefühle tauchen zwar auf, wir haben sie, aber sie sind nicht wirklich Bestandteil des Bewusstseins, sie bleiben – wie das Spiegelbild – an der Oberfläche. Er wird über das Kontinuum des eigenschaftslosen Bewusstseins sprechen, über die reine Natur des Erlebens, und er wird erklären, dass die Wut und die wütende Person nicht dasselbe sind. Dazwischen wird er einen Dominikanermönch, in seiner weißen Kutte zwischen all den rotgelben Roben sitzend, freundlich begrüßen, indem er seine Tennismütze so schwungvoll lüftet, als sei es der edelste Zylinder.

Als der Dalai Lama mit 15 Jahren die Regierungsgeschäfte übernehmen muss, um seinem unter dem zunehmenden chinesischen Druck leidenden Volk einen Halt zu geben, ist Tibet noch immer feudalistisch-aristokratisch organisiert und gleicht einer vergessenen Festung, in der man über Generationen alle Kräfte gegen die unaufhörlichen Angriffe der Mongolen und Chinesen konzentrierte. Das Land ist über Jahrhunderte von gesellschaftlichen und politischen Entwicklungen, wie sie anderswo gewirkt haben, unberührt geblieben. Doch nun ist ein neuer Dalai Lama da, und er verändert, was in seinem Einflussbereich steht. Er macht auf. Er setzt einen Reformausschuss ein, der mit Amtsmissbrauch und Korruption aufräumen soll. Die Regierungsgewalt wird zentralisiert, der Adel verliert an Einfluss. Der Junge sucht aber auch die Nähe zur Welt. Er entdeckt vermoderte englische Schulbücher und studiert sie. Er liest mit Interesse den englischsprachigen «Tibet Mirror». Er stellt den wenigen Ausländern, die nach Lhasa finden, Fragen über ihr Leben und die Außenwelt, was er aufgrund des höfischen Protokolls allerdings nicht direkt tun darf, sondern nur über Mittelsmänner. Er sieht sich westliche Filme an: Tarzan, die Krönung des englischen Königs George V., Mickey Mouse, den Burenkrieg und Ballett. Sein Wissensdurst ist groß.

_Doch sosehr der Dalai Lama das Land in den folgenden Jahrzehnten reformieren wird, zuerst von seinem Sitz in Lhasa aus, später aus der Ferne des Exils, sosehr bleibt er auch der Tradition der Heimat verbunden. Tibet ist das Land der Erleuchteten, der Reinkarnationen und Geister. Noch heute befragt der Dalai Lama bei strittigen Angelegenheiten die verschiedenen Orakel[6] und lässt sich wahrsagen.[7] Diese Elemente der vorbuddhistischen, animistisch geprägten Bön-Religion haben die Zeit überdauert, und der Dalai Lama bemüht sich auf keine Weise, im 21. Jahrhundert eine andere Tonart anzuschlagen. Im Gegenteil. «Ich habe nun fünfzig Jahre Erfahrung mit Wahrsagen, und fast alle Entscheide, die auf diese Weise gefällt wurden, haben sich als richtig erwiesen. Fast alle! Das ist ganz klar, ganz klar.»

_Und Ereignisse, die man gemeinhin als Wunder bezeichnen könnte, gibt es in diesem Land so viele wie Steine. Spricht man ihn darauf an, so lässt der Dalai Lama jedes Augenzwinkern fehlen, das andeuten könnte, auch er setze ab und zu ein Fragezeichen dahinter. Ja, es war so: Als man den 13. Dalai Lama nach dessen Tod auf dem Thron aufbahrte, sank sein Kopf mehrmals nach rechts, nach Osten, als wollte er die Himmelsrichtung anzeigen, in der sein Nachfolger zu suchen sei. Tatsächlich wurde der 14. Dalai Lama im Osten gefunden, in der Provinz Amdo. Andere Reinkarnationen leuchteten nach der Geburt wie Kristalle; über den Müttern und ihren Neugeborenen schneite es aus Regenbogen Blüten in irisierenden Farben; ein Dalai-Lama-Baby schrieb mit den Fingern mystische Zeichen auf Steine. Einmal beim Thema, sprudeln weitere ähnliche Erzählungen aus Tenzin Gyatso heraus. Er beugt sich etwas vor, als er von jenem Knaben erzählt, der aus Tibet nach Indien floh und sofort wusste, wo in dem großen Land sein Ziel war. Der Junge habe darauf bestanden, in das Ganden-Kloster nach Südindien zu gehen. Das sei sein Kloster. Als er es erreichte, sei er zielstrebig auf ein bestimmtes Gebäude zugegangen und habe dort auf eine Schublade gedeutet und gesagt: «Da drinnen ist meine Brille.» Tatsächlich befand sich darin eine Brille. Es war die Brille, die der Knabe in seinem letzten Leben getragen hatte. «Sehr überzeugend», kommentiert der Dalai Lama und hebt den Zeigefinger. Er hat das Kind selbst getroffen. Dass der 11. Panchen Lama[8] bereits im Bauch der Mutter Mantras rezitierte und am Tag vor seiner Geburt erklärte, «morgen komme ich auf die Welt»,[9] erstaunt den Dalai Lama ebenfalls nicht. «Solche Dinge sind möglich», sagt er – um sich sofort zu korrigieren: «Sie sind nicht nur möglich, es gibt sie!»

_«Ereignisse, für die wir keine Erklärung haben, bezeichnen wir üblicherweise als Wunder. Doch Menschen, die an die Reinkarnation glauben und von einer Abfolge von Leben überzeugt sind, bezeichnen das nicht als Wunder. Solche Ereignisse sind beinahe etwas Natürliches. Allerdings, und das ist die Bedingung, muss man in seinen früheren Leben einige Erfahrungen gesammelt haben; es muss Erinnerungen geben. Dann sind solche Ereignisse möglich. – Hmm. Wissenschaftliche Erklärung dafür: Null! Aber es gibt sie...» Der Dalai Lama streckt seine Glieder, und dann kommt die Aufforderung: «Next Question!» Sie ist ein Befehl.

_Der Dalai Lama macht immer wieder klar, dass der Buddhismus keine unverrückbare Lehre ist. Wo die Forschung nachweist, dass die Logik des Denkgebäudes Fehler hat, da wird es angepasst. Nicht zuletzt aus diesem Grund ist er an den rationalsten aller Wissenschaften interessiert: der Physik und der Quantenphysik. Bereits als Jugendlicher weist er nach, dass die jahrhundertealte tibetische Erklärung des Mondscheins nicht zutreffen kann. Das Gestirn leuchte aus seinem Inneren heraus, hieß es damals in Lhasa, und das Volk glaubte es. Der 14. Dalai Lama schaut durch sein Fernrohr und erkennt, dass die Gebirge auf dem Mond Schatten werfen. Das beeinflusst sein künftiges Denken und sein Verhältnis zu Wissen und Wahrheit. Seine Ausbildung in Metaphysik schließt er – in einer öffentlichen Debatte vor mehreren tausend Mönchen – mit einem Grad ab, der dem westlichen Doktortitel entspricht. Die Ausbildung dauerte 18 Jahre. Heute lässt er sich von dem Atomphysiker Carl Friedrich von Weizsäcker über Elementarteilchen wie die Quarks

---

6 ORAKEL sind Menschen, in deren Körper eine Gottheit eindringt. Die Gottheit versetzt den Geist des Menschen in einen unterbewussten Zustand und benützt dessen Körper und Sinne, um Fragen zu beantworten. Der zeitliche Horizont der Orakel reicht dabei weiter als derjenige gewöhnlicher Menschen: Sie sehen in die Vergangenheit und in die Zukunft. Besonders mächtig sind die Staatsorakel. Erstmals aufgetreten im 17. Jahrhundert, befragt der Dalai Lama sie, falls er bei schwierigen Fragen weder alleine noch im Gespräch mit seinen Beratern zu einer Entscheidung findet.

7 Die WAHRSAGUNG ist ebenso fest in der tibetischen Kultur verankert wie die Orakel. Für den Dalai Lama ist sie eine weitere Entscheidungshilfe. Wahrgesagt werden kann auf verschiedene Weisen. Verbreitet sind Würfel, Mala (Rosenkranz) oder beschriebene Zettel. Die Würfel sind mit tibetischen Buchstaben versehen; Kombination und Abfolge der Buchstaben ergeben die Antwort. Bei der Verwendung einer Mala werden die Perlen auf eine bestimmte Weise durchgezählt, wobei das Resultat nach einem vorgegebenen Schlüssel interpretiert wird. Kommen Zettel zum Einsatz, werden sie in einer Vase so lange durchgeschüttelt, bis einer herausspringt. Der Vorgang kann wiederholt werden. Die Wahrsagung erfolgt immer zusammen mit Gebeten und der Anrufung der ausgewählten Gottheit.

informieren, er ist fasziniert. Er schaut zu, wie der Quantenphysiker Anton Zeilinger in Dharamsala die Grundprobleme seines Fachs mit einem Laser demonstriert, unter anderem, wie ein Photon[10] gleichzeitig zwei verschiedene Zustände annehmen kann, einmal als Partikel, einmal als Welle. Der Dalai Lama verfolgt das Experiment und nickt. Doch als der Professor erklärt, es lasse sich nicht feststellen, wann sich das Photon im Zustand eines Partikels befinde und wann im Zustand einer Welle, man erhalte widersprüchliche Ergebnisse, schüttelt der Dalai Lama den Kopf. Er hält dem Quantenphysiker entgegen, laut buddhistischer Erklärung der Realität müsse es eine klare Lösung geben – im Sinne eines kontinuierlichen Verhaltens der Materie. Das sei von entscheidender Bedeutung; denn nur so könne es Reinkarnationen geben.

_«Die Wissenschaft zu fördern, ist sehr wichtig. Denn sie will das Gleiche wie der Buddhismus: Die Wahrheit! Ich komme deshalb immer mehr zur Überzeugung, dass auch buddhistische Mönche studieren sollten. Sie können mit Hilfe der Wissenschaft verstehen lernen, was Atome und Quarks sind, was ihnen wiederum hilft, die physischen Aspekte der buddhistischen Definition von der unbeständigen Existenz aller Dinge zu verstehen. Das ist sehr wichtig. Auf der anderen Seite beschäftigt sich die moderne Wissenschaft noch kaum mit dem Bewusstsein und dessen Verständnis. Der Buddhismus erklärte Gefühle und Wahrnehmung schon immer für untrennbar miteinander verbunden, doch die Neurologie kam erst kürzlich zu diesem Schluss. In diesem Bereich ist der Buddhismus sehr weit fortgeschritten. Meditation beeinflusst das Bewusstsein, und das führt längerfristig zu einer größeren inneren Stärke und Willenskraft. Wenn zwei verschiedene Menschen von einem ähnlichen Ereignis getroffen werden, wenn zum Beispiel eine geliebte Person stirbt, so ist die Reaktion darauf sehr unterschiedlich zwischen dem Menschen, der seinen Geist in Mitgefühl trainiert hat, und jenem, der seinen Geist nicht geschult hat. Letzterer wird wahrscheinlich von Angst und Schrecken überwältigt werden, dabei auch seinen Mut verlieren und demzufolge nicht sinnvoll helfen können. Das wird bei dem anderen nicht der Fall sein. Zudem glaube ich, dass man mit Meditation jene Emotionen zügeln lernen kann, die im Kollektiv zu Massengewalt und Krieg führen. Mit der Behauptung, dass zerstörerische Gefühle schon immer Teil des Menschen gewesen und damit außerhalb unserer Kontrolle seien, macht man es sich zu einfach.»

_Alle zwei Jahre nimmt der Dalai Lama an Treffen des Mind and Life Institute teil, wo die Weltspitze der Forscher die neuesten Ergebnisse diskutiert, etwa neurologische Tests mit einem sehr erfahrenen Mönch, der seit dreißig Jahren über das Thema Mitgefühl meditiert. Versuche mit ihm haben Resultate ergeben, die bis dahin für unmöglich gehalten wurden: Provoziert durch plötzliche akustische Signale wie lautes Knallen, sollte er erschrecken. Er war jedoch in der Lage, den Reflex auszuschalten. Da diese Reaktion vom Stammhirn ausgelöst wird, galt sie bislang als unkontrollierbar. Ebenfalls war bei diesem Mönch der linke vordere Hirnlappen außerordentlich stark aktiviert, und zwar nicht nur während der Meditation. Es ist jener Bereich, dem positive Gefühle und der Begriff «Lebensfreude» zugeordnet werden. Das Gehirn, so schließen die Forscher, kann also durch mentales Training auf Glücksgefühle getrimmt werden. Mit anderen Worten: Das menschliche Verhalten lässt sich in bislang unbekanntem Maße beeinflussen. Für die Forscher ein zukunftsweisender Ansatz zur Überwindung destruktiver Gedanken, von Angst und Depressionen. Gelingt es bei der Einzelperson, lässt sich möglicherweise auch die Masse beeinflussen, deren geballte negative Gefühle letztlich zu Krieg führen können. «Meditation ist eine jener Techniken, die den Unterschied zwischen einem schlechten und einem guten Leben ausmachen.»

_Für den Dalai Lama ist das ein entscheidender Schritt zu einer besseren Welt.

_Und hat der Dalai Lama auch schon seinen eigenen Kopf testen lassen? «Nein – nein», sagt er und schüttelt sein Haupt vehement. Aus einem einfachen Grund: In den Labors untersuche man Mönche, die viel mehr Erfahrung in Meditation haben als er. Monatelang leben sie in völliger Abgeschiedenheit. Das könne er

---

[8] PANCHEN ist die Abkürzung für «Pandita Chenpo», übersetzt «Großer Gebildeter». Der PANCHEN LAMA (PANCHEN RINPOCHE) ist die zweitwichtigste religiöse Institution Tibets. Die aktuelle Reinkarnation, 1989 geboren, wurde von den Chinesen entführt und ist seither verschollen.

[9] Aus nicht-buddhistischer Perspektive verliert die Erzählung insofern von ihrer Unglaubhaftigkeit, als Forscher der Universität von Dallas Anfang 2004 nachweisen konnten, dass die Geburt eines Babys nicht durch Körpersignale der Mutter eingeleitet wird, sondern dass ein Protein in der Lunge des ungeborenen Kindes den Vorgang auslöst. Der Fötus hat damit eine aktive Rolle bei der Geburt als bis dahin angenommen.

[10] PHOTONEN, populär als «Lichtteilchen» bezeichnet, sind Elementarteilchen und bewegen sich mit Lichtgeschwindigkeit. Jedes leuchtende Atom erzeugt Photonen.

sich nur wünschen, ihm fehle die Zeit. «Ich mache immer wieder klar, dass ich keine solchen Erfahrungen habe.» Und wenn es ihm gelinge, so tief in Meditation zu versinken wie ein Eremit, dann nur «für ein paar Sekunden». Er lacht. «Hoffnungslos!» Und abgesehen davon: «Da ist nichts Besonderes drinnen, gar nichts Besonderes!» Er klopft mit der Faust auf seinen Schädel, als sei er ein hartes Ei.

_Das ist natürlich nichts anderes als die Bescheidenheit eines Mannes, dessen Weisheit einzigartig ist. Wie so oft versucht er mit einem Witz davon abzulenken. Auf wenige andere Menschen trifft die Redensart besser zu, dass große Erleuchtete in der Öffentlichkeit oft unscheinbar sind, ja einen beinahe etwas kindlichen und vordergründig unbedarften Eindruck hinterlassen. Es ist, seltsamerweise, eine chinesische Redensart.

_Am folgenden Tag geben der Dalai Lama und sein Übersetzer in Paris ein kleines – humorvolles – Beispiel dafür, wie betroffen man sein kann, ohne dabei von den Gefühlen übermannt zu werden. Anlässlich einer Pressekonferenz mit mehreren hundert Journalisten äußert sich der Dalai Lama zur Situation in seiner Heimat. Der Ton ist ernst, denn die Sinisierung geht unvermindert weiter. Zurzeit entsteht eine Eisenbahnverbindung zwischen China und Tibet, mit der unverhohlenen Absicht, den Strom von chinesischen Einwanderern noch größer werden zu lassen und die Tibeter zur vernachlässigbaren Minderheit im eigenen Land zu machen. Während der Dalai Lama auf Tibetisch spricht, schenkt ihm der Moderator der Konferenz Wasser ein. Dabei fällt versehentlich der Deckel der Flasche ins Glas; Wasser spritzt und hinterlässt dunkle Flecken auf der Robe des Dalai Lama. Der Dalai Lama sieht es aus dem Augenwinkel, reagiert aber nicht und spricht unvermindert ernst weiter. Doch als er geschlossen hat und der Übersetzer das Wort ergreift, fischt er den Deckel heraus und wirft ihn kurz entschlossen ins Glas des Moderators. Nun wird dieser nass. Der Dalai Lama bricht in schallendes Gelächter aus, und mit ihm lacht der Saal.

_Nur einer behält die Ruhe. Der Übersetzer. Er spricht unbeirrt weiter, versunken in seiner Arbeit, als sei es um ihn herum totenstill. Es ist jener Mönch, der bei den Tests am Mind and Life Institute alle verblüfft hatte. Sein Name: Matthieu Ricard.

_Fragt man den Dalai Lama nach der traurigsten Situation in seinem Leben, so erwähnt er den 17. März 1959. An diesem Tag, nachts um zehn Uhr, verlässt er seinen Palast in Lhasa und stapft hinaus in den Schnee, gehüllt in einen langen schwarzen Mantel. Die verräterische Brille versteckt er in der Tasche, und zur weiteren Tarnung trägt er ein Gewehr. Er ist für den nächsten Tag vom chinesischen Statthalter in dessen Residenz geladen worden, allein, ohne Diener und ohne Leibwächter. Das erregt das Misstrauen der tibetischen Regierung, sie befürchtet, ihr Oberhaupt könnte entführt werden, und bittet ihn zu fliehen. Der Dalai Lama hört seine Berater an, bleibt selbst aber unentschlossen. Um zu einem Entscheid zu kommen, lässt er sich wahrsagen, und schließlich befragt er auch noch das Orakel. Die Antwort ist eindeutig: «Geh! Geh! Noch heute Nacht!» Dass in der Nähe bereits erste Granaten explodieren, bestärkt ihn.

_Im Alter von 24 Jahren macht sich der Dalai Lama zusammen mit einigen Getreuen auf ins Exil. Die Gruppe steigt auf den 5000 Meter hohen Pass Che, wo der höchste politische und religiöse Würdenträger des Landes einen letzten Blick auf seine Hauptstadt werfen kann. Drei Tage später beginnen die Besatzer mit der großflächigen Bombardierung. Im Verlauf der nächsten Jahrzehnte werden 1,2 Millionen Tibeter und Tibeterinnen getötet. Manche unter ihnen werden «gekreuzigt, geköpft, hinter galoppierenden Pferden zu Tode geschleift, bei lebendigem Leib verbrannt, mit gebundenen Händen und Füßen in eiskaltes Wasser geworfen, gehenkt oder bei lebendigem Leib seziert und zerstückelt». So schreibt der Dalai Lama in seiner Autobiographie. Und um zu verhindern, dass die zum Tode Verurteilten weiterhin «Lang lebe der Dalai Lama!» rufen können, reißt man ihnen mit Fleischerhaken die Zungen heraus.

_Nach zehn Tagen Fußmarsch erreicht der Dalai Lama erschöpft und durchnässt die Grenze zu Indien. Bis dahin haben ihn – meist unsichtbar – tibetische Partisanen beschützt. Notfalls hätte sich auch die Entourage für den Dalai Lama gewehrt. Sie ist schwer bewaffnet; sogar der Koch trägt eine Bazooka. Die letzte Nacht auf tibetischem Boden verbringt der Dalai Lama in einem kleinen Dorf. Am nächsten Tag ist er jedoch zu krank, um gehen oder auf einem Pferd reiten zu können, und so besteigt er ein Dzomo, eine Mischung zwischen Yak und Kuh. Auf dessen breitem Rücken, in gemächlichem Schritt, verlässt der Dalai Lama seine Heimat. Er hat sie bis heute nicht mehr betreten.

_In Indien angekommen, weist ihm die Regierung nach einigem Hin und Her Dharamsala als neues Domizil zu, ein abgelegenes, von den Engländern erbautes Bergstädtchen in Himachal Pradesh, dessen eng aneinander liegende Häuser sich in den Hang krallen. Hier sitzt er nun wie in den Rängen einer Oper. Zu seinen Füßen entrollt sich die Bühne des indischen Tieflandes, grün bis an den Horizont. In seinem Rücken wachsen die schneebedeckten Ausläufer des Himalajas in den Himmel, davor kreisen Adler. Aus ihrer Höhe ist Tibet verlockend nahe. Durch die Luft sind es bis zur Grenze nur hundert Kilometer.

_Der Dalai Lama hält sich in Dharamsala auf, weil er eine Aufgabe hat. «Ich bin kein Tourist.» Und solange diese Aufgabe nicht erledigt ist, will er auch nicht in seine Heimat. «Wenn ich jetzt den Wunsch hätte, nach Tibet zurückzukehren, so wäre das nicht weise. Wenn jemand den Mond anschaut, findet er ihn schön, aber er denkt sich auch nicht gleich: Ich will jetzt dorthin!»

_Vier Monate nach der Audienz in Paris stehen wir am Fuß dieser Berge. Losar, der tibetische Neujahrstag, klingt nach; soeben hat nach der königlich-tibetischen Rechnung das Jahr 2131 begonnen, das Holz-Affe-Jahr. Neue Gebetsfahnen werden von einem schwankenden Baumwipfel zum nächsten gespannt. Der Wind trägt ihre Botschaften hinaus in die Welt, wo sie allen fühlenden Wesen zugute kommen.

_Wir warten auf weitere Gespräche. Obwohl wenige Menschen den Dalai Lama besser kennen als Matthieu Ricard, obwohl Manuel Bauer seit mehreren Jahren fast ununterbrochen mit ihm reist und zum innersten Zirkel gehört, müssen auch wir um Audienzen Monate im Voraus bitten. Bei einer Agenda, in der bereits die Termine des übernächsten Jahres vermerkt werden, gibt es keine Ausnahmen.

_Doch am Tag unserer Ankunft, nach einer Unterweisung durch einen Lehrer, zieht sich der Dalai Lama einmal mehr für unbestimmte Zeit zurück; alle Termine sind abgesagt. Seine Heiligkeit sitze im Meditationsraum seiner Residenz, erklärt uns Tenzin Geyche Tethong, umgeben von Schätzen aus tibetischen Tempeln, heiligen Texten und den Fotos seiner spirituellen Meister. Er dürfe nicht gestört werden; sogar der Privatsekretär muss sich anmelden.

_Die Stille dauert diesmal zehn Tage, dann ist es so weit. Eine halbe Stunde vor dem ersten Termin erreichen wir den Eingang des umzäunten Geländes. Indische Soldaten, Gewehr bei Fuß, und die persönliche Garde des Dalai Lama stehen hinter dem doppelflügligen Gittertor.

_Die Dächer der verschiedenen Wohn- und Verwaltungsgebäude, gelegen auf einem bewaldeten Hügel, ragen als grüne Tupfer zwischen den Wipfeln hervor. Töpfe mit Geranien und Petunien säumen die Wege, und auf sorgsam gepflegten Wiesen blühen Obstbäume. Nur wispernd und mit gesenktem Kopf gehen die Mönche vorbei, während die weltlichen Mitarbeiter lockerere Sitten pflegen. Eine Gruppe Bodyguards spielt lärmend Basketball, und aus der offenen Tür des Sekretariats dringt indischer Discosound. Vor der Garage wartet der sandfarbene Geländewagen des Dalai Lama. Ein Fahrer reinigt mit einem Staublappen die Laufflächen der Pneus. Eine gepanzerte Limousine, von der indischen Regierung zur Verfügung gestellt, steht unten im Tal. Als das schwergewichtige Fahrzeug nach Dharamsala hinaufgebracht werden sollte, zeigte sich, dass die Ingenieure die Tücken ihres eigenen Landes nicht einberechnet hatten: Der Motor versagte auf den steilen Bergstraßchen.

_Der Warteraum des Audienzgebäudes ist überfüllt mit Auszeichnungen und Geschenken – Ehrendoktorwürden, Dankesschreiben, Teller mit goldenen Inschriften und Pokale; dazwischen hängen gerahmte Gratulationsschreiben zum Nobelpreis und ein Ölgemälde des sitzenden Mahatma Gandhi. In der Mitte des Raumes faucht ein kleiner Gasofen gegen die Kälte des Frühlingsmorgens. Es ist ein modernes Modell; in den anderen Räumen, auf welligen Spannteppichen und umgeben von abgenutztem Büromobiliar, stehen alte Eisenöfen. Ihre vom Pech geschwärzten Rohre winden sich in wundersamen Biegungen zur Decke und lassen den Geruch von glühender Kohle nach draußen. Der Geldmangel in Exil-Tibet zeigt sich überall.

_Dann winkt Privatsekretär Tenzin Geyche Tethong.

_Der Audienzraum ist hell, keine zugezogenen Vorhänge, keine düstere Katakombenstimmung wie in Paris, und der Dalai Lama wirkt entspannter. Hier ist er nicht der unermüdliche Handelsreisende in Sachen Frieden, der verstoßene Bauernsohn ohne Land, der eindringliche Botschafter des Mitgefühls, der einsame Mönch auf der Weltbühne. Hier ist er das Oberhaupt eines geknechteten Volkes.

_Der Dalai Lama gähnt herzhaft, während wir das Tonband aufbauen. Um 3:30 ist er heute aufgestanden, wie jeden Tag. Um für die Welt zu beten.

_«Ich stehe auf, fühle mich immer frisch, immer, und beginne sofort zu meditieren. Ich rezitiere Mantras, unter anderem solche, die ich seit meinem zehnten Lebensjahr kenne, etwa das ›Guruyoga der Götterscharen von Tushita‹. Ich rezitiere Gebete, eines an Guru Rinpoche,[11] das ich 21 Mal wiederhole, und ich bete für alle fühlenden Wesen. Ich mache verschiedene Langlebensübungen und praktiziere Meditationen der drei zentralen Gottheiten des höchsten Yogatantra. Bei den Rezitationen versenke ich mich in die Bedeutung der Worte, zum Beispiel meditiere ich über den Stufenweg zur Erleuchtung, und bei den tantrischen Meditationen visualisiere ich mich selbst als Gottheit. Bevor ich das tun kann, meditiere ich über die Leerheit. Dann, aus dieser leuchtenden Leerheit heraus, steigt mein eigenes, reines Bewusstsein in Form einer Gottheit, welche die erleuchteten Eigenschaften des Verstandes darstellt. Dann mache ich einige Prostrationen[12] zur Übung, zehn Minuten lang, so schätze ich. Anschließend stehe ich auf meinem Laufband, auf dieser Maschine. 15 Minuten, 16 Minuten lang… Gleichzeitig bete ich, ich rezitiere Mantras oder meditiere. In der einen Hand habe ich einen Rosenkranz, mit der anderen halte ich mich fest. Weil ich gleichzeitig meinen Geist beschäftige, geht die Zeit schnell vorbei. Aber wenn ich mich auf die Uhr konzentriere, dann ist das Laufband sehr ermüdend…» Der Dalai Lama lacht. «Anschließend gehe ich ins Bad, dann frühstücke ich. Um 5:30 höre ich die Voice of America in tibetischer Sprache, oder BBC East Asia. Danach beginnt der Tag.»

_In der Meditation verändert sich das Gesicht des Dalai Lama. Es wird beinahe faltenlos. Täglich meditiert er fünf Stunden; er möchte, dass es mehr wären. Fünf Stunden pro Tag, das macht seit Beginn seiner Ausbildung 118 625 Stunden. Wir haben es ausgerechnet, der Dalai Lama nicht. Er schmunzelt, als wir ihm die Rechnung präsentieren. Und als ob er uns etwas von unserem Buchhaltertum entlasten möchte, fügt er an: «Wir Buddhisten müssen auch rechnen. Wir müssen wissen, wie viel Urin wir absondern, und wie viel hier herauskommt.» Er deutet auf seinen Hintern. «Diese Produkte sind doch unsere eigentliche Mission, das ist doch unser Hauptzweck als Menschen!» Er stützt die Arme auf die Knie, um das Lachen unter Kontrolle zu halten. So sehr schüttelt es ihn.

_«Next Question!»

_Dass der Zustand der Welt ihn immer wieder zum Weinen bringt, verheimlicht der Dalai Lama nicht. Das Schicksal eines Kükens, das von einem Lastwagen gefallen ist und nun verloren inmitten eines durchschnittlichen indischen Verkehrschaos steht, mit einer Lebenserwartung von noch wenigen Sekunden, beschäftigt ihn lange. Es trifft ihn, dass er nichts für das Tier tun kann. Auch als er auf die Frage antwortet, weshalb Menschen Selbstmord begehen und was er gefährdeten Menschen rate, schießen ihm Tränen in die Augen. «Menschen finden es schwierig, mit den zahllosen Möglichkeiten umzugehen, welche das Leben

---

[11] GURU: Hüter der Mantras und Sutras, Meister der Initiation und Disziplin. Mit GURU RINPOCHE ist Padmasambhava gemeint, einer der wichtigsten Lehrer des tibetischen Buddhismus. RINPOCHE: großer Gelehrter, wörtlich «Gesegneter» oder «Juwel».

[12] PROSTRATION: von lateinisch «prosternere», sich niederwerfen. Eine Prostration ist eine Demutsgeste.

bietet, während sie gleichzeitig in der Wahrnehmung einer Welt gefangen sind, die meistens als erdrückend empfunden wird. In dieser Lage kann es hilfreich sein, die Situation aus einer anderen Perspektive zu betrachten, nämlich anzuerkennen, dass die Dinge sich tatsächlich ändern lassen. Nichts ist festgelegt, wenn wir auf die Welt kommen. Wir können unser Leben beeinflussen. Aber dazu braucht es Wille und Anstrengung.»

_Mitgefühl ist die Essenz des Seins. Mitgefühl für alle. In seine Gebete für Frieden schließt der Dalai Lama nicht nur sein eigenes Volk ein; er denkt an alle leidenden Menschen, an die Vertriebenen in Tschetschenien, an die hungernden Kinder im Sudan. Und dieses Mitgefühl kennt weder Grenzen noch Ausnahmen. Eines seiner wichtigsten Anliegen sei es, sagt der Dalai Lama, dass er den Glauben an das Gute in jedem Menschen nicht verliere.

_«Auch Saddam Hussein weiß, was Zuneigung ist. Als Kind hat er die Milch seiner Mutter getrunken, ihre Fürsorge erfahren und ohne Zweifel geschätzt. Wäre er zu keiner Form der Zuneigung gegenüber anderen Menschen fähig, dann wäre er erst gar nicht groß geworden, und dann hätte er nicht so viele Menschen umbringen müssen, weil er sich vorher schon selbst umgebracht hätte! Es gäbe ihn nicht mehr, er wäre schon verhungert! – Wenn jemand selbst Zuneigung schätzt und sie damit ja gutheißt, dann hat er damit selbst auch die Fähigkeit, anderen Zuneigung zu geben. Ein solcher Mensch wird erst im Lauf der Zeit durch den Einfluss vieler Umstände zu einem so unbarmherzigen, gewaltbereiten Charakter. Wenn sich durch negative Einflüsse die grundlegende gute Natur eines Menschen zu einer bösartigen Natur verändern kann, dann erscheint es mir nur logisch, dass sich durch positive Umstände auch diese negative Natur allmählich wieder positiv verändern kann.»

_Sein unbeirrbarer Glaube an das Gute im Menschen macht den Dalai Lama auch einsam, sowohl auf der internationalen Bühne, wo die Ausgaben für Kriege ein allzu gewichtiges Wirtschaftsargument sind, als auch im eigenen Land, wo seine Friedfertigkeit nicht nur auf Verständnis stößt. Bereits vor seiner Flucht ins Exil plante sein Bruder Gyalo Thöndup zusammen mit Getreuen den aktiven Widerstand, hinter dem Rücken des Dalai Lama. Sie bauten mit Hilfe der CIA eine Guerillaarmee auf. Junge Kämpfer wurden auf eine Insel im Nordpazifik ausgeflogen und dort ausgebildet. Aber die Unterstützung aus Amerika blieb halbherzig. Die Waffen, die an Fallschirmen über den Lagern der Partisanen im Grenzgebiet zu Nepal niedergingen, erwiesen sich als wenig taugliche Billigprodukte. Herkunftshinweise fehlten, was es der CIA ermöglichte, den Ursprung der Unterstützung zu verheimlichen. Dennoch vermochten die 10 000 Freiheitskämpfer der chinesischen Übermacht über die Jahre immer wieder empfindliche Nadelstiche beizubringen. Einmal fingen sie einen Lastwagen voller Geheimdokumente über das chinesische Atomprogramm ab, eine Beute, die so wertvoll war, dass die Aktion bis heute als eine der erfolgreichsten in der Geschichte der CIA gilt. Die Hilfe dauerte an, bis Richard Nixon an die Macht kam, dann wurde sie abrupt eingestellt.

_Einige der Partisanen leben heute in Dharamsala. Obwohl alt geworden, können sie nicht vergessen und nicht vergeben. Ihren Schmerz halten sie in glühenden Gedichten fest. Erzählt man ihnen von der Heimat, beginnen sie zu zittern. Als einer von ihnen beim Dalai Lama vorspricht und ihn auffordert, nicht mehr nur mit Worten gegen die Besatzungsmacht zu kämpfen, kommt es zur Auseinandersetzung. Der Dalai Lama wird zornig und bittet ihn zu gehen.

_«Geduld» müsse sein Volk haben, sagt er, «Geduld».

_Doch auch der Dalai Lama weiß, dass nach fünfzig Jahren Besetzung dieses Wort abgenutzt ist. Die Exil-Regierung unter Premier Samdhong Rinpoche arbeitet deshalb an Plänen, wie die tibetische Bevölkerung ihren Widerstand besser koordinieren kann. Zwar wird er weiterhin gewaltlos erfolgen, aber künftig sollen nicht mehr nur vereinzelte Nonnen oder Mönche in den Gassen von Lhasa «Unabhängigkeit für Tibet!»

rufen – und dafür in Gefängnisse geworfen werden. Die Prinzipien des zivilen Widerstandes werden in Lhasa Einzug halten. Das ganze Volk soll sich erheben, so dass die geballte Sanftheit zur unaufhaltsamen Lawine wird.

_Eine Woche später, frühmorgens, sitzen wir dem Dalai Lama erneut gegenüber. Die Sonne hat die Kälte der Nacht vertrieben. Durch die weit geöffneten Flügeltüren des Audienzsaales dringt der monotone Singsang der Mönche. Verstärkt von Lautsprechern, beten sie im nahen Kloster, damit das neue Jahr ein gutes Jahr wird. Bevor sich der Dalai Lama uns zuwendet, bespricht er sich kurz mit Tenzin Geyche Tethong auf Tibetisch; sie scherzen. Wir beobachten derweil diesen Mann. Der einfache Mönch passt in kein Schema. Ist er ein Weiser, ein Clown, ein Charmeur und cleverer Politiker, gleichermaßen realistisch wie wundergläubig? Oder ist er noch mehr? Gibt es eine andere Seite des Dalai Lama? Als wir ihn im Verlaufe der vergangenen Audienz fragten, wie er sich selbst sehe, wie er sich selbst fotografieren würde, antwortete er nur mit schelmischem Unterton: «Ein Selbstporträt? Oooh, da habe ich keine Ahnung. – Solange die Aufnahme nur nicht seitenverkehrt ist!»

_Im Lauf dieses Gesprächs wird er dem unvollständigen Bild zwei weitere Facetten hinzufügen. Als er darüber spricht, wie er Kranke berührt, lässt er menschliche Regungen erkennen: «Ich habe manchmal etwas Angst…» Er fürchtet sich vor Ansteckung; auch der Erleuchtete ist manchmal nur ein Mensch wie alle anderen. Doch die Patienten erwarten von ihm Linderung oder gar Heilung, und so überwindet der Dalai Lama seine Angst. Er hat ein Gelübde abgelegt. Natürlich, fügt er an, sei dieses stärker als seine persönliche Empfindung.

_Und nach seiner politischen Position gefragt, stellt er fest: «Ich bin ein halber Marxist.» Er zieht die Augenbrauen hoch, als sei er selbst über die Äußerung erstaunt. Denn so bezeichnet er sich gegen den ausdrücklichen Willen seiner Berater und ungeachtet der wiederholten Versuche von Privatsekretär Tenzin Geyche Tethong, ihm eine diplomatischere und mit dem Kodex der Weltpolitik verträglichere Selbstdefinition aufzudrängen. Der Dalai Lama bleibt halsstarrig. Eine Zeit lang versuchte er es mit der Bezeichnung Sozialist. Aber da sagte man ihm, dass er damit im Westen in das Fahrwasser einer bestimmten Partei gerate. Das wollte er nicht. Also schwenkte er wieder zurück auf Marxist.

_Weshalb Marxist? Weil er an das «Prinzip von Gerechtigkeit und Gleichheit» glaubt; zwar habe er nichts gegen den Kapitalismus, halte aber auch nicht besonders viel von ihm. Ursprung seiner Überzeugung ist jener Mann, der ihn vor vielen Jahren wie ein Magnet anzog. Damals, in Peking 1954. Der 19-jährige Tibeter war vom politischen Credo Mao Tse-tungs so sehr beeindruckt, dass er sogar den Wunsch verspürte, selbst Mitglied der Kommunistischen Partei Chinas zu werden. Als der Dalai Lama sich nach seinem letzten Besuch verabschiedete, hielt Mao seinem Gast die Tür des Autos auf. Er winkte, als es davonfuhr, und auch der Dalai Lama winkte. Wie Vater und Sohn.

_Und was ist die andere Hälfte des Dalai Lama?

_«Buddhist – natürlich.» Er schmunzelt kurz, um dann sogleich klarzustellen: Natürlich sei er voll und ganz Buddhist, zu hundert Prozent, gar kein Zweifel. Nur ein kleiner Spaß.

_Das rigoros vorgetragene Bekenntnis des Dalai Lama zur Gewaltlosigkeit ist erstaunlicherweise nicht grundsätzlich. Es ist pragmatisch und orientiert sich an den Konsequenzen, die eine gewaltsame Auseinandersetzung für die Zukunft eines Landes hat. Die Bilanz eines Krieges kann seiner Meinung nach durchaus positiv sein. So hält der Dalai Lama die Invasion der Alliierten im Zweiten Weltkrieg ebenso für notwendig wie das Eingreifen der UN-Truppen im Korea-Krieg. Und er befürwortet auch die Kriege der vergangenen Jahre. Nachdem die USA Afghanistan angegriffen haben, distanziert er sich nur bedingt von der Besetzung, was ihm die Schlagzeile einträgt, er verrate die Sache des Friedens. Der sonst so gefühlvolle Mensch diskutiert mit erstaunlicher Nüchternheit über das Thema. «Grundsätzlich halte ich Krieg und Gewalt für die falschen Mittel. Kein Zweifel. Kriege sind eine überholte Methode, um Differenzen zu klären. Aber sie können auch positive Nebenwirkungen haben. Der Kampf gegen Hitler hat die Zivilisation des Westens gerettet, die Amerikaner haben Südkorea gerettet. Die Wirtschaft konnte sich erholen, die Menschenrechte konnten bewahrt werden, die Demokratie, ebenso Kultur und Tradition. Im Fall von Afghanistan stand die Bevölkerung nicht hinter dem Regime der Talibans, weshalb ein Sturz der Regierung o.k. ist. Oder o.k. scheint. Aber es ist noch zu früh, um abschließende Aussagen zu machen. Dasselbe gilt für den Irak. Erst in ein paar Jahren wird sich zeigen, ob Gewalt das richtige oder falsche Mittel war. Insgesamt lässt sich sagen, dass Kriege heute mit viel mehr Vorsicht geführt werden als früher. Zivile Opfer werden nach Möglichkeit vermieden; die Bevölkerung erhält Nahrungsmittel und Medikamente. Das war früher anders. Ist es nicht so? Das ist doch ein gutes Zeichen. Oder? So sehe ich das.» Hier, irgendwo in der Bibliothek seiner Residenz, stehen auch die Bildbände, die der Dalai Lama zum Thema Krieg besitzt. Panzer, Bomber und Kriegsschiffe faszinieren ihn; der religiöse Würdenträger betrachtet sie als technische Meisterleistungen. Darin spiegelt sich der kleine Junge, der im Potala alles zerlegt und wieder instand gesetzt hat, was er an Technik aus dem Besitz seines Vorgängers fand: Filmprojektoren, Generatoren, Motoren und Uhren.

_Der Friedensnobelpreisträger besitzt sogar selbst eine Waffe, ein Spielzeug. Gefunden hat er das Luftgewehr als Kind in seinem Sommerpalast Norbulingka. Wofür hat er sie? Wer sind die Feinde? «Raubvögel!» Der Dalai Lama füttert im Garten seiner Residenz manchmal kleine Singvögel. Ihre Farben, ihre friedliche Fröhlichkeit erheitern ihn. Doch wenn am Himmel Falken drohend ihre Kreise ziehen und darauf warten, Beute zu machen, kommt sein Gerechtigkeitssinn in Wallung. Weshalb er zu seiner «Waffe des Mitgefühls» greift – ein vor Jahren selbstgeprägter Ausdruck, der ihn noch heute ausgiebig in Heiterkeit versetzt. Aus Mitleid mischt er sich in die naturgegebene Hackordnung ein, «obwohl mich die kleinen Vögel nicht darum bitten». Er will die Raubvögel nur erschrecken: Ein Schuss in ihre Nähe, und sie verschwinden.

_Einmal, der Dalai Lama lebt noch in Lhasa, trifft der Schuss. Der Knabe sitzt mit seinem Lehrer Trijang Rinpoche im Garten, neben sich zwei Vogelkäfige. Da sticht ein kleiner Falke herunter. Die Vögel hören sofort auf zu singen. Der Dalai Lama holt das Luftgewehr und schaut zu Trijang Rinpoche. «Ich werde jetzt schiessen!», sagt er zu ihm, und der Rinpoche erwidert: «O.k., o.k.» Der Dalai Lama schießt – und erschrickt, denn der Falke fällt vom Himmel. Er hat zu wenig daneben gezielt. Das Tier ist jedoch nur am Flügel verletzt, weshalb der Dalai Lama es in einen Käfig setzt, es füttert und so zu retten versucht. Der Falke stirbt trotzdem. Der Dalai Lama, erschüttert über den Tod, fragt darauf den Lehrer, weshalb er ihn nicht aufgehalten habe. «Ich hatte zwar versucht, einen Vogel zu retten, aus Mitgefühl, dafür aber einen anderen getötet!» Darauf erwiderte Trijang Rinpoche: «Ich war sicher, Sie würden nicht treffen!»

_Es ist eine dieser Reminiszenzen aus dem Leben des Dalai Lama, die er verschweigen könnte, um sein Image vom sanften Friedenspropheten, vom erleuchteten Heiligen nicht zu beflecken. Doch er tut es nicht. Er erzählt die Begebenheit in allen Details, wie der Vogel vom Himmel taumelt, wie er ihn am Leben zu erhalten versucht. Auch diese Sache entlockt ihm zwar ein Gelächter, aber es ist nicht befreiend wie sonst. Dann hält er plötzlich inne, setzt sich im Stuhl aufrecht und sagt ernst: «Das war natürlich falsch, total falsch.»

_Gemäß Berechnungen tibetischer Astrologen wird der Dalai Lama mit 122 Jahren sterben. Seine eigenen Träume sind etwas realistischer und sagen ihm ein Alter von 113 Jahren voraus. Sollte sein Leben jedoch bereits morgen zu Ende gehen, hat er nichts zu bereuen. «Für mich selbst wünsche ich mir nicht speziell, noch lange hier zu sein.» Gern möchte er aber den Menschen weiterhin beistehen und ihnen helfen, ihre

Fehler zu überwinden. Er könne doch gut reden, bemerkt er, und sie mit seinem «Bla bla bla» unterstützen. «Bringe ich mein Leben jedoch mit Tibet in Verbindung, so möchte ich nochmals zwanzig, dreißig Jahre leben.» Grundsätzlich genügt ihm die Gewissheit, dass er eines Tages wiedergeboren wird, «Leben auf Leben». So kann er weiter für alle fühlenden Wesen beten, ihnen dienen und Dharma praktizieren. Natürlich könnte er etwas mehr Sorge für sich selbst tragen. Das hört er oft von seinen Freunden. Sie raten ihm, seine Aktivitäten einzuschränken, weniger zu reisen, kein Jahresprogramm zu absolvieren, das ihn nach Tokio, Chicago, Prag, London, Toronto, Paris und durch ein halbes Dutzend indischer Bundesstaaten führt, die entweder brütendheiß oder vom Monsun durchnässt sind. Der Dalai Lama sieht das allerdings anders. «Wenn ich meine Freunde so sprechen höre, dann denke ich mir nur: Wie werde ich diese Freunde los?» Er schüttelt sich vor Lachen.

_Wann, wo und unter welchen Umständen seine Wiedergeburt erfolgt, wird der Dalai Lama selbst bestimmen. So wie sein Vorgänger über ihn entschied. Doch nun, zum ersten Mal in der sechshundertjährigen Geschichte der Dalai Lamas, könnte es einen Bruch in dieser Linie geben. Bereits vor Jahren hat Tenzin Gyatso angedeutet, dass die «Institution des Dalai Lama» eines Tages aufhören werde zu bestehen, möglicherweise bereits nach seinem Tod. Inzwischen hat er diese Aussage allerdings wieder abgeschwächt, aufgrund der Reaktionen, die ihn aus Lhasa erreicht haben.

_«Ich denke, dass es noch nicht so weit ist. Nein, ich glaube nicht. Eine Mehrheit des tibetischen Volkes will den Dalai Lama immer noch, und auch alle anderen Nicht-Tibeter, die unserer Tradition folgen, die Ladakhi, die indische Bevölkerung des nördlichen Himalajas; in China gibt es Anhänger – in Amerika und auch in Europa. Es ist die Entscheidung dieser Menschen, und wenn sie einen 15. Dalai Lama wollen, so wird es ihn geben. Sicher wird er aber außerhalb Tibets gefunden werden.[13] Das ist klar. Ungewiss ist aber, wie er allenfalls gefunden wird, entweder nach den Regeln der Tradition, oder möglicherweise mittels eines Auswahlverfahrens, wie es für den Papst angewandt wird. Oder nach dem Prinzip der Seniorität. Ja, das könnte auch eine Möglichkeit sein.»

_Ein allfälliger 15. Dalai Lama wird aber nicht mehr dieselbe Bedeutung haben; das fordert Tenzin Gyatso ausdrücklich. Er selbst versucht bereits heute unentwegt, seine Position und Macht zu verringern; der Kult ist ihm zu viel. Die Aufmerksamkeit soll nicht auf ihn, sondern auf sein Volk gerichtet sein. Der Held versucht sich selbst zu stürzen, obwohl die Welt ihn nicht loslassen will. Zum ersten Mal hat er zur Selbsthilfe gegriffen, als er sich in den sechziger Jahren gegen den Willen seiner Berater und Vertrauten für absetzbar erklärte; dann gab er seine politischen Ämter ab, weshalb er sich heute als «halb pensioniert» bezeichnet – zumindest theoretisch.

_Am Tag nach einem weiteren offiziellen Gespräch öffnen sich morgens um 6:00 die Gittertore der Residenz. Die Soldaten stehen stramm, als die Wagenkolonne des Dalai Lama das Anwesen verlässt. Sie dreht Richtung Tal, knapp vorbei an Bettlern und Leprakranken, welche die Nacht am Straßenrand verbrachten und sich an einem Feuerchen wärmten. Der Dalai Lama ist unterwegs nach Tso Pema, zum Lotussee, fünf Stunden von Dharamsala entfernt. Auf der Reise steht an jeder Kreuzung ein Polizist, um den Verkehr aufzuhalten, sobald sich die Sirenen nähern. Menschen ersetzen Ampeln. Der Dalai Lama mag diese langen Fahrten, obwohl sie anstrengend sind, die Schlaglöcher ihn durchschütteln und der Fahrer immer wieder bremsen muss, weil eine heilige Kuh unbeweglich auf der Straße steht und verfaultes Gemüse oder weggeworfenes Papier frisst. Er mag diese Fahrten, denn nie hat er mehr Muße, um zu meditieren und zu beten.

_«Segne mich, edler und mitleidsvoller Guru, dass alle Schuld, alle Hindernisse und alles Leiden der Wesen, die meine Mütter sind, in mir heranreifen mögen, dass ich mein Glück und meine Tugend den anderen gebe und dass dadurch alle Lebewesen glücklich werden.»

---

[13] Die Reinkarnation des 10. Panchen Lama wurde von den Chinesen 1995 gefangen genommen und ist seither verschollen. Bei der Entführung war das Kind sechs Jahre alt. Es gilt als der weltweit jüngste politische Gefangene. Um den 15. Dalai Lama nicht demselben Schicksal auszusetzen, soll er ausserhalb des Machtbereiches Chinas gefunden werden.

_Der Dalai Lama fährt zum Lotussee, um Guru Rinpoche seine Ehre zu erweisen. Guru Rinpoche, auch Padmasambhava genannt, brachte den Buddhismus im 8. Jahrhundert nach Tibet. Er sollte im Auftrag des damaligen Königs Trisondetsen die Geister der Bön-Zeit bannen, die sich widerspenstig zeigten und die Verbreitung des Buddhismus zu verhindern versuchten. Padmasambhava erledigte seinen Auftrag sehr geschickt, indem er die Geister bändigte und zum Bestandteil der neuen Lehre machte. In Samye gründete er das erste große Kloster in Tibet, und er leitete die Übersetzung der buddhistischen Lehrtexte aus dem Sanskrit ein. Padmasambhava wurde in der Folge zu einem der größten Vordenker des tibetischen Buddhismus und wird noch heute als «zweiter Buddha» verehrt.

_Beim Tso Pema zeigte Padmasambhava, über welche Wunderkräfte er verfügt. Von seinem himmlischen Sitz aus hatte er gesehen, wie die unglückliche Tochter des Königs der Region Mandi ihr Gesicht zerkratzte, um den für sie vorbestimmten Mann nicht heiraten zu müssen. Sie tat es, weil sie allem irdischen Glück entsagen und sich allein der Lehre Buddhas widmen wollte. Padmasambhava, Meister des Tantras, nahm sich ihrer an, machte sie zu seiner spirituellen Gemahlin und unterrichtete sie im Dharma. Dabei verführte er sie auch, um ihre sexuelle Energie in die geistige Dimension umzulenken und sie letztlich so vom Verlangen zu befreien.

_Die Knechte des Königs entdeckten das Paar in einer Höhle, fingen Padmasambhava und zündeten ihn bei lebendigem Leibe an. Doch sein Körper brannte, ohne zu verbrennen, mit einer Rauchsäule, die bis in den Himmel reichte. Erschreckt flüchteten die Häscher. Erst am Morgen des siebten Tages war das Feuer erloschen. An der Stelle des lodernden Körpers fand sich keine Asche, sondern ein See mit kristallklarem Wasser. In seiner Mitte leuchtete das reine Weiß einer einzelnen Lotusblüte. Als der eilends herbeigerufene König kam, saß in der Blüte ein junger Mann. Es war Padmasambhava. Der König, erschüttert über das Wunder, überreichte ihm darauf seine Krone. Padmasambhava hatte sein Ziel erreicht: Im gesamten Reich wurde von nun an Dharma praktiziert.

_Diese Geschichte ist bis heute lebendig. Als der Dalai Lama den See erreicht, um der unzerstörbaren geistigen Kraft Guru Rinpoches zu huldigen, erwarten ihn dreißigtausend Tibeter und Tibeterinnen. Sie sind aus dem ganzen Subkontinent hierhergefahren, tagelang, zu zwölft in einem siebensitzigen Auto. Sie stehen seit Stunden dicht gedrängt an der Straße, ein endloses Spalier bildend. Sie halten Räucherstäbchen in den gefalteten Händen, über den Unterarmen eine Kata, die sie dem Dalai Lama anbieten, wenn er schnellen Schrittes und leicht gebeugt an ihnen vorbeigeht. Sie stehen da, um ihn zu sehen, der Tibet verkörpert, ihr Land und ihre Heimat: vom Himmel das Zentrum, von der Erde die Mitte. Sie versuchen den Kordon der Sicherheitskräfte zu durchbrechen und sich vor ihm in den aufgeweichten Dreck zu werfen, im Wissen, dass er sich zu ihnen niederbeugt und ihnen wieder aufstehen hilft. Sie wollen dieses Lächeln sehen, das nur ihnen gilt; sie wollen ein paar Worte hören, die nur für sie bestimmt sind. Dann sind sie glücklich, in diesem Moment, der für immer zählt. Da ist einer gekommen, der nicht für sich selbst da ist, sondern für sie. Es ist Tenzin Gyatso, die Erhabene Herrlichkeit, der Heilige Herr, der Beredte, der Reine Geist, der Allwissende Bewahrer der Lehre und der Ozean der Weisheit, kurz, der einfache Mönch.

61 | Unterweisung im Jonang-Kloster Taktan Phuntsok Choeling | Sanjauli | Himachal Pradesh | Indien | 14. Juni 2002

63 | Gebet im Kloster Namdroling | Bylakuppe | Karnataka | Indien | 3. August 2001

72 | Begrüßung im Schrein von Ise | Japan | 4. November 2003

61 | Unterweisung im Jonang-Kloster Taktan Phuntsok Choeling | Sanjauli | Himachal Pradesh | Indien | 14. Juni 2002

Seit 1959 lebt der Dalai Lama im Exil in Indien; seit damals wehrt er sich gegen die Besetzung Tibets – gewaltlos. Seine Reisen in Sachen Frieden haben ihn weltweit zu einer der bekanntesten Persönlichkeiten gemacht. Im Jonang-Kloster Taktan Phuntsok Choeling gibt der Dalai Lama eine Unterweisung. Er trägt die Mütze der Gelehrten.

63 | Gebet im Kloster Namdroling | Bylakuppe | Karnataka | Indien | 3. August 2001

Die indische Regierung gewährt dem Dalai Lama nicht nur Exil; sie stellt auch Land für Klöster zur Verfügung. Inzwischen sind mehrere Dutzend neu gebaut worden. Sie sind ein – beschränkter – Ersatz für die über 6000 sakralen Bauten, die in Tibet von den chinesischen Besetzern zerstört worden sind.

65 | Morgenmeditation | Grand Hotel Wiesler | Graz | Österreich | 20. Oktober 2002

Der Dalai Lama steht jeden Tag um 3:30 auf. Wenn er nach acht Uhr seine Amtsgeschäfte aufnimmt, hat er bereits mehrere Stunden meditiert und für alle fühlenden Wesen dieser Welt gebetet. In seine Gedanken schließt er alle Menschen ein, ausnahmslos. Die Chinesen nennt er «meine Brüder und Schwestern».

67 | Zweihundert-Jahr-Feier zu Ehren von Sri Swaminarayan | Vadodara | Gujarat | Indien | 1. Januar 2002

Der Dalai Lama besucht eine Feier zu Ehren von Sri Swaminarayan, der in Vadodara vor zweihundert Jahren einen hinduistischen Ashram gegründet hat. Hier erhalten die Armen Wasser und Nahrung; die Kinder können zur Schule gehen. Eines der Hauptanliegen des Dalai Lama ist der Abbau der Schranken zwischen den einzelnen Religionen: Das Leiden auf der Welt kann nur verringert werden, wenn die verschiedenen Glaubensrichtungen in gegenseitigem Respekt zusammenarbeiten.

68 | Am Sitz des Erzbischofs von Zagreb | Kroatien | 8. August 2002

In Zagreb trifft sich der Dalai Lama mit Monsignore Josip Bozanić, Erzbischof von Zagreb und Präsident der kroatischen Bischofskonferenz. Zur Begrüßung überreicht der Dalai Lama dem Erzbischof das typische tibetische Begrüßungsgeschenk: eine seidene Schärpe (Kata).

70 | Interreligiöse Feier | Madrasa Zeya-Oloomul-Moschee | Bodhgaya | Bihar | Indien | 16. Januar 2003

Bei seinen Wallfahrten nach Bodhgaya, dem Ort von Buddhas Erleuchtung, stattet der Dalai Lama jedes Mal der muslimischen Minderheit im Ort einen Besuch ab. Ihre Moschee steht direkt neben dem buddhistischen Stupa. Die beiden Glaubensrichtungen existieren friedlich nebeneinander.

85 | Zwischenhalt im Kloster Pema Choeling | Rupa | Arunachal Pradesh | Indien | 1. Mai 2003

Der Flug über Tawang, unweit der Grenze zu Tibet, erinnert den Dalai Lama
an das Jahr 1959. Auf der Flucht vor den chinesischen Besatzungstruppen machte
er damals hier Halt.

Der 6. Dalai Lama ist unweit des Klosters Tawang geboren. Er ist der einzige
Dalai Lama, der sein Amt nicht der Tradition entsprechend führte, sondern ver-
träumte Liebespoesie verfasste und durch ein ausschweifendes Leben auffiel.
Der 5. Dalai Lama, der 13. und auch der 14. sind hingegen als herausragende
politische Führer bekannt geworden, die das Schicksal ihres Landes entscheidend
zu beeinflussen vermochten. Diese drei werden als «große» Dalai Lamas
bezeichnet.

Der Dalai Lama bereitet sich im Kloster Tawang auf die bevorstehende Belehrung
vor. Er isst Flocken zum Frühstück. Die Küche des Klosters hat für ihn eine
Packung «Alpen original» organisiert.

Der Dalai Lama hört dem Abt des Klosters Thupten Dorji Dak zu. Es ist eine kleine
Gemeinschaft, am Fuß der Himalaja-Ausläufer. In den großen Exilklöstern –
wie im südindischen Sera – leben mehrere tausend Mönche.

Jedes Jahr kommen 2500 Menschen aus Tibet in Indien an; oft sind es Kinder.
Wie viele seit der Besetzung geflüchtet sind, ist unklar. Offiziell sind es 131000.
Schätzungen gehen von mehreren hunderttausend aus.

Die Anziehungskraft des Dalai Lama bei Kalachakra-Einweihungen lässt bis zu
300 000 Gläubige zusammenströmen. Alle Pilger müssen verköstigt und
mit den nötigen Hilfsmitteln für das Ritual versorgt werden; entsprechend gewaltig
ist der organisatorische Aufwand. Hier haben die Mönche heiliges Kushagras
erhalten, das zur inneren Reinigung dient. Einen Teil legen sie nachts unter das
Kopfkissen, damit die Träume klar und unmissverständlich sind.

Die Unterweisungen des Dalai Lama werden nicht nur über Lautsprecher verbreitet, sondern auch über Kurzwelle – in mehreren Sprachen. In Bodhgaya
hört sogar der Chef der Ordnungskräfte den Ausführungen zu. Er trägt Kopfhörer.

93 | Mit Shiwalha Rinpoche in den Ruinen der buddhistischen Nalanda-Universität | Bihar | Indien | 14. Januar 2002

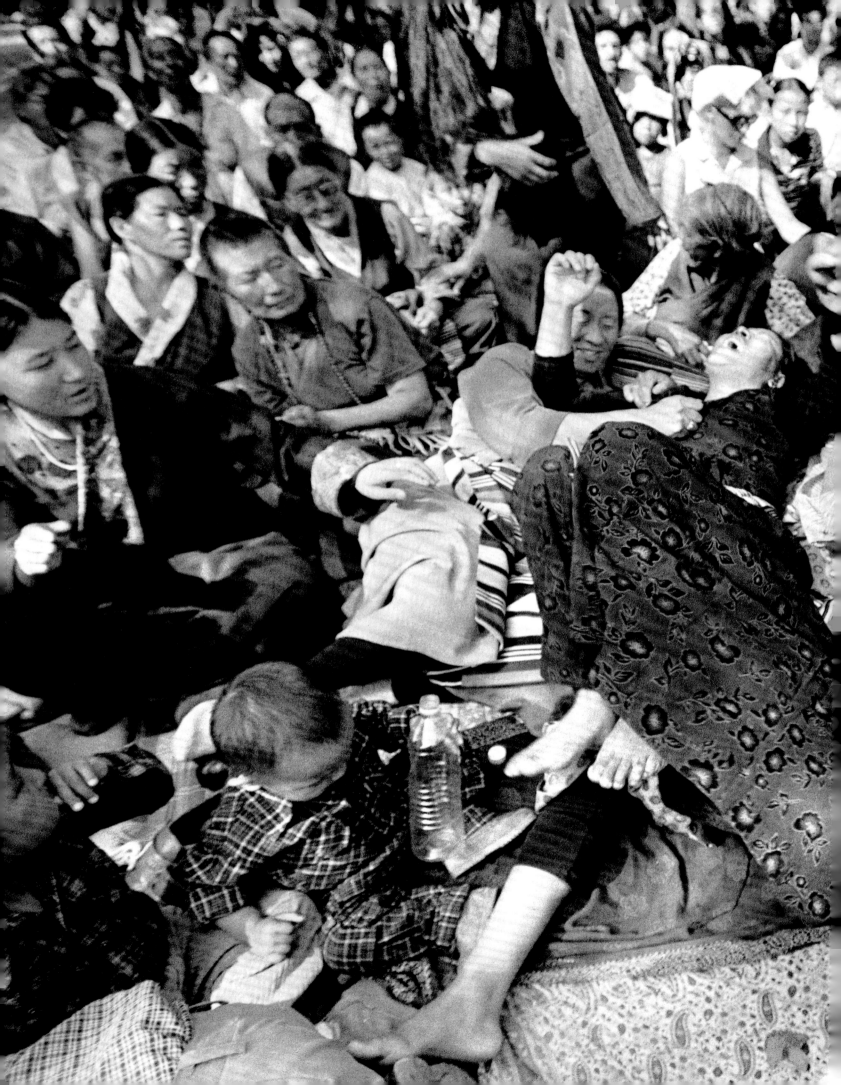

104 | Segnung | Jangchub Choeling | Dirang | Arunachal Pradesh | Indien | 3. Mai 2003

105 | Blinde Frau | Kloster Thupten Dorji Dak | Kasumpti | Himachal Pradesh | Indien | 16. Juni 2002

106 | Weinend | Kloster Tabo | Spiti | Himachal Pradesh | Indien | 24. Mai 2003

93 | Mit Shiwalha Rinpoche in den Ruinen der buddhistischen Nalanda-Universität | Bihar | Indien | 14. Januar 2002

Die buddhistische Nalanda-Universität in Bihar war einst die größte
Bildungsstätte der Welt. Aus ihr gingen zahlreiche Berühmtheiten hervor.
So schrieb hier im 8. Jahrhundert Shiwalha Rinpoche (Sanskrit: Shantideva) den
buddhistischen Text «Eintritt in das Leben zur Erleuchtung». Hier führt
die neunte Inkarnation Shiwalhas den Dalai Lama durch das Gelände, auf dem
er einst seinen Text verfasst hat.

95 | In Trance | Tsuglakhang | Dharamsala | Himachal Pradesh | Indien | 5. Juni 2002

Während eines Auftritts des Dalai Lama fällt eine Frau in Trance. Solche Verwand-
lungen ereignen sich oft. Sie können Hinweis sein, dass es sich bei der Person
um ein Medium handelt.

96 | Sonnenring nach einer Einweihung | Diskit | Nubratal | Ladakh | Jammu & Kashmir | Indien | 24. Juli 2003

Er selbst habe keine besonderen Kräfte, betont der Dalai Lama. Doch
beim Abschluss seiner Einweihungen zeigen sich auffällig häufig Sonnenringe
am Himmel. Das Phänomen gilt in Tibet als Glückssymbol.

99 | Sturm der Bühne nach einer Tushita-Unterweisung | Modern School | New Delhi | Indien | 5. Januar 2002

Der Dalai Lama hat nach der Unterweisung den Saal verlassen. Nun eilen
die Menschen auf die Bühne. Sie berühren mit der Stirn das Polster des Throns,
sie nehmen den Blumenschmuck mit, und sie teilen die Reste seines
Trinkwassers unter sich auf: Tropfenweise geben sie es auf ihre Handflächen.

104 | Segnung | Jangchub Choeling | Dirang | Arunachal Pradesh | Indien | 3. Mai 2003

Mönche haben Lebensmittel gesammelt, die der Dalai Lama nun segnet.
Danach werden sie wieder im Dorf verteilt. Einen Teil essen die Gläubigen, einen
Teil opfern sie Buddha, und einige Krümel geben sie in ihre Amulette.

106 | Weinend | Kloster Tabo | Spiti | Himachal Pradesh | Indien | 24. Mai 2003

Obwohl der Dalai Lama viele der heiligen Texte auswendig kennt,
berühren sie ihn immer wieder von neuem. Eine Passage zum Thema Mitgefühl
treibt ihm mitten in einer Unterweisung das Wasser in die Augen.

111 | Im Helikopter von Kullu nach Tabo | Himachal Pradesh | Indien | 21. Mai 2003

122 | Morgenmeditation | 4:30 | Hotel Sheraton | Zagreb | Kroatien | 9. Juli 2002

Zwischenlandung in Kullu. Am Flughafen wird der Dalai Lama von den Honorablen des Ortes empfangen, die ihm als Geschenk einen traditionellen Kullu-Hut überreichen.

Auszug aus der Agenda des Dalai Lama
für seinen Besuch in Washington D. C.:
| Empfang im Senat;
| Treffen mit George W. Bush;
| Treffen mit Colin Powell;
| Treffen mit Paula Dobriansky, Sonderkoordinatorin
  für tibetische Angelegenheiten der amerikanischen Regierung;
| Treffen mit den Parteirepräsentanten;
| Tee mit den Mitgliedern des Komitees für internationale Beziehungen;
| Treffen mit dem Senatskomitee für ausländische Beziehungen;
| Teilnahme an der Zwanzig-Jahr-Feier des
  Menschenrechtsausschusses des Kongresses;
| Teilnahme am interreligiösen Gedenkgottesdienst
  anlässlich des zweiten Jahrestages für den 11. September;
| Segnung der neuen Büros der Internationalen Kampagne für Tibet;
| Teilnahme an der Preisverleihung des
  Light of Truth Award der Internationalen Kampagne für Tibet;
| Ansprache vor Exil-Tibetern;
| Ansprache vor der mongolischen Gemeinschaft;
| Mittagessen mit dem indischen Botschafter;
| zahlreiche Interviews;
| 20 Audienzen.
Der Besuch dauert vier Tage.

Tritt der Dalai Lama vor Buddhisten aus der Mongolei auf, sind seine Sicherheitsleute besonders achtsam. Anders als die Gläubigen aus Tibet, suchen sie die körperliche Nähe. Damit der Dalai Lama nicht von der Bühne gezerrt wird, halten ihn die Sicherheitsleute fest.

Ist der Dalai Lama auf Reisen, lässt ihm sein Terminplan kaum Verschnaufpausen. Nur vor dem Auftritt in Split findet er einige Minuten für sich: Wegen des unerwartet großen Publikumsandrangs dauern die Sicherheitskontrollen länger.

126 | Im Parlamentsgebäude | Rom | Italien | 26. November 2003
| Signieren des Gästebuches des Stadtpräsidiums von Straßburg | Frankreich | 23. Oktober 2001

127 | Signieren des Gästebuches von Colin Powell, begleitet von Sekretär Tenzin Taklha | State Department | Washington D. C. | USA | 9. September 2003
| Pressegespräch nach Besuch beim Präsidenten der Vereinigten Staaten | Washington D. C. | USA | 10. September 2003

130 | Mit Michail Gorbatschow | Stadthaus | Rom | Italien | 28. November 2003

| Mit Shimon Peres

130 | Mit John Hume | Norwegisches Parlament | Oslo | Norwegen | 8. Dezember 2001

| Mit Lech Walesa

131 | In der Residenz von Vaclav Havel | Prag | Tschechische Republik | 2. Juli 2002

131 | Mit Elie Wiesel | Norwegisches Parlament | Oslo | Norwegen | 8. Dezember 2001

| Mit Rigoberta Menchú Tum

132 | Mit Desmond Tutu | Holmenkollen Park Hotel | Oslo | Norwegen | 7. Dezember 2002

126 | Im Parlamentsgebäude | Rom | Italien | 26. November 2003

Die politische Lobbytätigkeit ist entscheidend, damit das Thema Tibet auf der
politischen Bühne präsent bleibt. Hier bespricht sich der Dalai Lama
mit Pier Ferdinando Casini, dem Präsidenten des italienischen Parlaments.

127 | Pressegespräch nach Besuch beim Präsidenten der Vereinigten Staaten
| Washington D. C. | USA | 10. September 2003

Die tibetische Exil-Regierung hat ständige Gesandte in den politischen Macht-
zentren. In Washington vertritt Kasur Lodi G. Gyari (links) die Interessen
des Landes.

128 | Interview mit dem slowenischen Staatsfernsehen | Grand Hotel Union | Ljubliana | Slowenien | 4. Juli 2002

Der Dalai Lama gibt jährlich über hundert Interviews, in denen er seine
politischen Ziele unbeirrbar wiederholt. Trotz allen Leidens, das China seinem
Land seit fünfzig Jahren zufügt, empfindet er als Buddhist für die Gegenseite
keinen Hass. Sekretär Venerable Lhakdor nimmt das Gespräch für das Archiv auf.

130 | Mit Michail Gorbatschow | Stadthaus | Rom | Italien | 28. November 2003

In Rom kommen auf Initiative von Michail Gorbatschow verschiedene
Träger des Friedensnobelpreises zusammen, um die aktuelle Weltpolitik zu erörtern.
Der Dalai Lama und Gorbatschow amüsieren sich über die Ähnlichkeit ihrer
Frisuren.

130 – 131 | Norwegisches Parlament | Oslo | Norwegen | 8. Dezember 2001

Vor dem norwegischen Parlament trifft sich der Dalai Lama mit dem
nordirischen Friedenspolitiker John Hume, dem ehemaligen polnischen Staatspräsidenten Lech Walesa, mit dem Autor und Holocaust-Überlebenden
Elie Wiesel und der Friedensaktivistin Rigoberta Menchú Tum aus Guatemala.
Sie alle sind Friedensnobelpreisträger und setzen sich mit ihrer Anwesenheit
für die Freilassung ihrer Kollegin Aung San Suu Kyi in Myanmar ein.

131 | In der Residenz von Vaclav Havel | Prag | Tschechische Republik | 2. Juli 2002

Vaclav Havel, aufgrund seines Kampfes für Freiheit und Menschenrechte einst
inhaftiert, empfing nach seiner Wahl zum Staatspräsidenten den Dalai Lama
als ersten offiziellen Gast. Die beiden sind sich in großem gegenseitigem Respekt
verbunden.

132 | Mit Desmond Tutu | Holmenkollen Park Hotel | Oslo | Norwegen | 7. Dezember 2002

Erzbischof Desmond Tutu und der Dalai Lama sind alte Freunde, die eine
humorvolle Beziehung verbindet. Entsprechend herzlich ist das Wiedersehen.
Als sie während einer Ansprache des norwegischen Außenministers
nebeneinander stehen, beginnt der Erzbischof zu frieren, worauf der Dalai
Lama Tutus Hände nimmt und sie unter seine Kutte steckt.

Am zweiten Jahrestag des 11. Septembers nimmt der Dalai Lama in der National
Cathedral an einem Gedenkgottesdienst teil. Die Kirche ist bis auf den letzten
Platz besetzt. Die überzähligen Besucher gehen jedoch nicht weg; sie sitzen still im
Park vor der Kirche.

Im Central Park spricht der Dalai Lama über Frieden und inneres Glück.
60 000 Menschen hören zu.

Umgeben von Sicherheitsleuten zieht sich der Dalai Lama zur Mittagsruhe zurück.
Die Bewachung ist nötig, denn auch gegen einen der friedfertigsten Menschen
dieser Welt gehen Morddrohungen ein. In Dharamsala hat der indische Staat eine
eigene Garde zu seinem Schutz abgestellt. Die Mappen der Sicherheitsleute
enthalten keine Akten, sondern kugelsichere Matten. Damit können sie den Körper
des Dalai Lama in Sekundenschnelle abdecken.

Noch ist das Stadion in Paris leer, doch der Dalai Lama ist bereits auf der Bühne.
Von den leeren Rängen abgewandt, sitzt er neben seinem Thron und bereitet
sich wie jeden Morgen auf die bevorstehende Einweihung vor.

Mönche prosternieren sich vor dem Dalai Lama. Das Ritual der Niederwerfung
hat folgenden Ablauf: Hände erheben und falten, zu Stirn, Mund und Herz
führen, niederknien, sich in voller Länge auf den Boden strecken, bis Mund und
Stirne und die Hände den Boden berühren. Die Mönche werfen sich drei
Mal nieder. Auf Pilgerreisen in Tibet wiederholen die Gläubigen den Vorgang oft
mehrere tausend Mal. Nach jeder Niederwerfung gehen sie zwei Schritte
weiter. Auf diese Weise durchqueren sie das ganze Land, um zum heiligen Berg
Kailash zu gelangen. Tibet ist 3000 Kilometer lang.

149 | Kalachakra-Einweihung | Stadthalle | Graz | Österreich | 18. Oktober 2002

153 | Kalachakra-Mandala | Stadthalle | Graz | Österreich | 13. Oktober 2002

154 | Kalachakra-Mandala | Stadthalle | Graz | Österreich | 14. und 16. Oktober 2002

155 | Kalachakra-Mandala | Stadthalle | Graz | Österreich | 22. Oktober 2002

157 | Kalachakra-Einweihung | Stadthalle | Graz | Österreich | 21. Oktober 2002

Bis zum Einmarsch der chinesischen Besatzer galt die Kalachakra-Einweihung
als geheim und wurde nur beschränkt weitergegeben. Inzwischen bietet der
Dalai Lama die Einweihung häufiger an, in erster Linie, um seinen Landsleuten
eine Hilfe im Alltag anzubieten. Das Ritual hilft ihnen, ihr Leben in der
Diaspora – getrennt von Familie, Land und Heimat – zu ertragen.

Tibetische Buddhisten leben in der Annahme, dass sie erst nach Millionen von
Wiedergeburten erleuchtet werden. Die Kalachakra-Einweihung verspricht einen
Ausweg: Wer sie in ihrer Komplexität nachzuvollziehen vermag, darf darauf
hoffen, den schmerzvollen Kreislauf von Leben, Leiden und Wiedergeburt
durchbrechen zu können. Entsprechend zieht die Einweihung viele Gläubige an.

Für das Ritual streuen die Mönche des Namgyal-Klosters in mehrtägiger
Arbeit ein Sandmandala. Der Dalai Lama amtiert bei dieser Tätigkeit als der Vajra-
Meister. Er legt zuerst die Hauptlinien des Mandala an [153], dann bereitet er
die Stellen vor, an denen die Gottheiten ihre Sitze einnehmen werden. Schließlich
erfolgt die eigentliche Konstruktion des Mandala. Sie beginnt mit dem Zupfen
der Weisheitsschnur, die aus verschiedenfarbigen Fäden gezwirnt wird. Ihre fünf
Farben symbolisieren je eine Buddhaweisheit. Die ersten Flächen malt der
Dalai Lama selbst aus. Dabei bedient er sich eines röhrenförmigen Trichters, aus
dem farbiger Sand herausrieselt [154].

Während die Mönche seine Arbeit fortsetzen [154], bereitet sich der Dalai Lama
auf die Einweihung vor und erläutert die Meditations- und Visualisierungsübungen.
Nach Ablegung mehrerer Gelübde sind die Gläubigen bereit, in Gedanken das
Mandala zu betreten. Da ihre Augen symbolisch verbunden sind, werden
sie vom Vajra-Meister geführt. Sie gehen langsam in das Zentrum zu den beiden
Hauptgottheiten, um das Göttliche in sich zu verwirklichen.

Am Ende der Einweihung wird das Mandala wieder abgebaut. Der Dalai Lama
entfernt jene Stellen, welche die Sitze der wichtigsten Gottheiten darstellen [155].
Danach wischen die Mönche den Sand zusammen und geben ihn der Natur
zurück. Zum Abschluss versammeln sich die wichtigsten Lamas zu einem letzten
gemeinsamen Gebet [156].

Der Dalai Lama macht sich bereit, den Raum zu verlassen. Es gehört zu den
Respektsbezeugungen der Mönche, ihm beim Anziehen der Schuhe zu helfen [157].

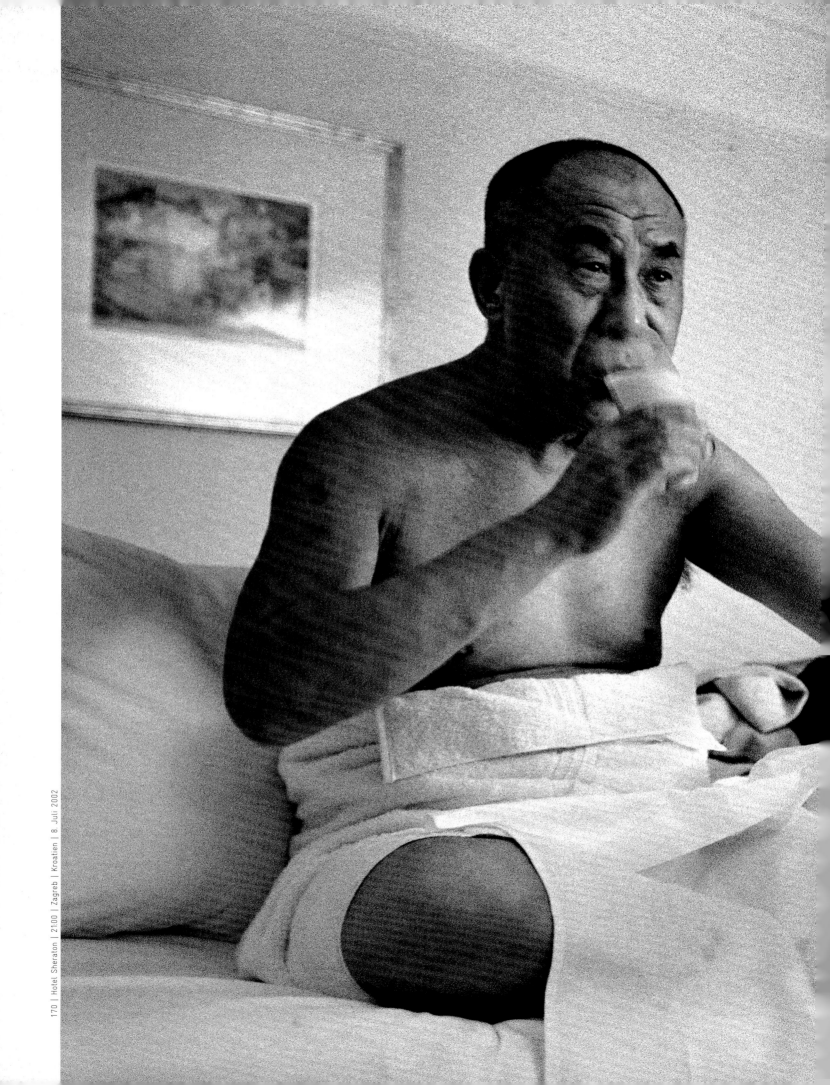

165 | Bahnhof Kinetsu | Nagoya | Japan | 4. November 2003
Sein Interesse an Uhren hat der Dalai Lama nie verloren, obwohl er kaum mehr Zeit findet, sich mit der Faszination technischer Präzisionsarbeiten zu beschäftigen. Als Jugendlicher klemmte er sich seine Uhrmacherlupe regelmäßig vors Auge.

166 | Treffen mit Vertretern des Samen-Parlaments | Tromsö | Norwegen | 5. Dezember 2001
Der Dalai Lama interessiert sich für die Situation anderer Minoritäten, hier der Samen, weshalb er sich mit ihren Vertretern im verschneiten Norwegen zusammensetzt. Seine besondere Aufmerksamkeit gilt dabei der Frage, wie in anderen Ländern das Thema der Autonomie von Minderheiten angegangen wird.

170 | Hotel Sheraton | 21:00 | Zagreb | Kroatien | 8. Juli 2002
Es ist 21:00, ein langer Tag geht zu Ende: Nach dem Flug von Split nach Zagreb sprach der Dalai Lama zuerst an der Jesuitisch-philosophischen Fakultät der Universität von Zagreb, wurde vom kroatischen Fernsehen und von CNN interviewt, traf sich dann mit Monsignore Josep Bozanić, Erzbischof von Zagreb, begab sich anschließend zu einem Gespräch mit Ivice Racan, Premierminister Kroatiens, später zu einer Unterredung mit Wirtschaftsminister Hrvoje Vojkovic, und schließlich hielt er im Sportstadion von Zagreb eine Rede zum Thema «Ethik im neuen Millennium». Nun sitzt der Dalai Lama auf seinem Bett, isst einige Bisquits und trinkt Tee. Lakonisch sagt er zum Fotografen: «Das also soll mein Nachtessen sein.» Mehr darf er als ordinierter Mönch am Abend nicht zu sich nehmen.

179 | Universität Graz | Österreich | 14. Oktober 2002

182 | Autogrammstunde | Stadthalle Graz | Österreich | 20. Oktober 2002

183 | Frühstück | Hotel Sheraton | Zagreb | Kroatien | 9. Juli 2002

186 | Treffen mit ehemaligen Strafgefangenen | Mark Hotel | New York City | USA | 17. September 2003
| Audienz | Grand Hotel Wiesler | Graz | Österreich | 11. Oktober 2002

187 | Audienz | Royal Park Hotel | Tokio | Japan | 1. November 2003
| Der Dalai Lama grüßt das Publikum | Fort Gripe | Split | Kroatien | 6. Juli 2002

177 | Rechtswissenschaftliche Fakultät der Universität Ljubliana | Slowenien | 5. Juli 2002

Anstatt mit der Limousine zur Rechtswissenschaftlichen Fakultät der Universität Ljubliana zu fahren, entscheidet sich der Dalai Lama, zu Fuß durch die Stadt zu gehen. Die Sommerhitze drückt.

178 | Rechtswissenschaftliche Fakultät der Universität Ljubliana | Slowenien | 5. Juli 2002

Der Vortrag an der Universität Ljubliana ist zu Ende, nun beantwortet der Dalai Lama Fragen. An Hochschulen betont er immer wieder, wie sehr ihm an einer Übereinstimmung zwischen den aktuellen wissenschaftlichen Erkenntnissen und der buddhistischen Lehre liegt. Der Dalai Lama will den Buddhismus zeitgemäß halten.

179 | Universität Graz | Österreich | 14. Oktober 2002

Jedes Jahr wird der Dalai Lama für seine Tätigkeit als Friedensbotschafter mehrfach ausgezeichnet. Hier verleiht ihm die Universität Graz ihre höchste Würde: den Menschenrechtspreis.

182 | Autogrammstunde | Stadthalle | Graz | Österreich | 20. Oktober 2002

Die Kalachakra-Einweihung in Graz wird für die Mittagspause unterbrochen. Der Dalai Lama nimmt sich Zeit, für das Organisationsteam und die freiwilligen Helfer Bücher zu signieren.

183 | Frühstück | Hotel Sheraton | Zagreb | Kroatien | 9. Juli 2002

Die Diener Venerable Tashi und Venerable Paljor assistieren beim Morgenessen. Der Dalai Lama ist kaum je allein, nicht einmal in der Nacht. In Hotels legt sich ein Bodyguard direkt hinter die Türe seines Schlafzimmers, so dass sie nicht unbemerkt geöffnet werden kann.

186 | Audienz | Grand Hotel Wiesler | Graz | Österreich | 11. Oktober 2002

Der Dalai Lama trifft zum ersten Mal Takna Jigme Sangpo. Der tibetische Lehrer befand sich 37 Jahre lang in chinesischer Gefangenschaft. Der Grund für seine Inhaftierung lautete ursprünglich «Korrumpierung von Kindern mit reaktionärem Gedankengut»; später wurde seine Strafe immer wieder verlängert, weil er unbeugsam an seiner buddhistischen Überzeugung und an seiner Verehrung des Dalai Lama festhielt. Takna Jigme Sangpo kam im Jahr 2002 aus gesundheitlichen Gründen frei. Er lebt heute in der Schweiz.

188 | Tivoli Park | Ljubliana | Slowenien | 6. Juli 2002

Nach einem Vortrag über «Die Kraft des Mitgefühls» verabschiedet sich der Dalai Lama vom Publikum. In seinem Rücken haben die Veranstalter ein Bild des Potala aufgehängt. Seit seiner Flucht im Jahr 1959 hat der Dalai Lama den Palast mit den 1000 Zimmern nie mehr betreten.

195 | Staatsorakel Tsering Chenga | Ogyan Heruka'i Phodrang | Rewalsar | Himachal Pradesh | Indien | 1. März 2004

205 | Staatsorakel Tsering Chenga | Ogyan Heruka'i Phodrang | Rewalsar | Himachal Pradesh | Indien | 1. März 2004

Zehn Tage nach dem tibetischen Neujahr treten die Staatsorakel vor dem Dalai Lama auf, um die Ereignisse des kommenden Jahres vorauszusagen. Orakel stellen die Geister von Gottheiten dar. Die Gottheiten suchen sich ein Medium aus, fahren in dessen Körper ein und sprechen durch seinen Mund.

Der tibetische Buddhismus kennt insgesamt vier Staatsorakel. Ein Medium ist vor kurzer Zeit verstorben, so dass an diesem Tag nur drei auftreten: Ghadong, Nechung und Tsering Chenga. Zu Beginn findet die Anrufung der Gottheiten statt.

Die Orakel tragen für ihren Auftritt äußerst wertvolle Kostüme aus mehreren Lagen. Die oberste Schicht besteht aus goldenem Seidenbrokat. Inklusive der mit Edelsteinen besetzten Krone wiegen die Kostüme bis zu 70 Kilogramm. Solange die Orakel nicht in Trance sind, können sie kaum gehen und müssen gestützt werden.

Durch Gebete werden die Gottheiten angerufen, bis sie – durch den Scheitel – in das Medium einfahren und vom Körper Besitz nehmen. Die Orakel beginnen zu tanzen. Nach einigen ersten Tänzen vollführen die Orakel verschiedene Rituale, werden dann vom Dalai Lama und von anderen Regierungsmitgliedern befragt, bevor sie wieder tanzen. Ihre in Trance geäußerten Worte über das kommende Jahr sind oft schwer verständlich. Sie können nur von geübten Personen aufgeschrieben werden, hier von Sekretär Lobsang Jinpa [201].

Da der menschliche Körper zu klein ist für die mächtigen Gottheiten, treten die Augen der Medien aus den Höhlen, und das ganze Gesicht bläht sich auf [205]. Am Schluss ihrer Prophezeiungen, wenn die Gottheiten den Körper verlassen, brechen die Medien ohnmächtig zusammen und müssen hinausgetragen werden [206].

223 | Mala des Dalai Lama | Residenz | Dharamsala | Himachal Pradesh | Indien | 16. August 2004

227 | Residenz | Dharamsala | Himachal Pradesh | Indien | 18. Mai 2003

228 | Mit Privatsekretär Tenzin Geyche Tethong | Residenz | Dharamsala | Himachal Pradesh | Indien | 3. März 2004

229 | Mittagessen in der Residenz | Dharamsala | Himachal Pradesh | Indien | 18. Mai 2003

230 | Beten und Trainieren | Residenz | Dharamsala | Himachal Pradesh | Indien | 15. August 2004

223 | Mala des Dalai Lama | Residenz | Dharamsala | Himachal Pradesh | Indien | 16. August 2004

Der Dalai Lama besitzt verschiedene Malas. Diese stammt aus dem Besitz seines Vorgängers. Er fand sie noch vor seiner Flucht in jenem Raum des Nor-bulingka-Palastes, in dem der 13. Dalai Lama drei Jahre lang meditiert hatte.

226 | Audienz | Residenz | Dharamsala | Himachal Pradesh | Indien | 15. Mai 2003

Der Dalai Lama empfängt in seinem Büro Ngodup Palzom, die Schwester des 17. Karmapa. Sie ist am 7. Januar 2000 zusammen mit ihrem Bruder nach Indien geflohen. Der Karmapa führt die Kagyupa-Sekte an und war der bedeu-tendste tibetische Würdenträger, der noch in Tibet gelebt hatte.

227 | Residenz | Dharamsala | Himachal Pradesh | Indien | 18. Mai 2003

Der Leibarzt kommt in die Residenz des Dalai Lama und stellt eine Pulsdiagnose. Die tibetische Medizin unterscheidet zwischen 16 verschiedenen Arten des Pulsschlages. Der Dalai Lama vertraut auf die Medizin seines Landes, zögert aber nicht, auch die Erkenntnisse des Westens zu nutzen.

228 | Mit Privatsekretär Tenzin Geyche Tethong | Residenz | Dharamsala | Himachal Pradesh | Indien | 3. März 2004

Der Alltag des Dalai Lama ist bis auf die letzte Minute durchgeplant. Kommt es zu einer unerwarteten Pause, nutzt Privatsekretär Tenzin Geyche Tethong die Gelegenheit. Hier eilt er mit Briefen zum Dalai Lama, um sie unterschreiben zu lassen.

231 | Pause vor dem Mittagessen | Residenz | Dharamsala | Himachal Pradesh | Indien | 18. Mai 2003

Trotz Kriegen und Katastrophen ist das Weltbild des Dalai Lama grundsätzlich positiv. So sieht er etwa in der Krankheit SARS keinen Hinweis auf eine allgemeine Zunahme von Seuchen: «In den alten medizinischen Schriften Tibets wie auch in den Schriften Padmasambhavas finden wir zwar Aussagen, dass mit der Degeneration der Zeit eine Vermehrung von Epidemien einhergehen werde. Ich traue solchen Vorhersagen aber nicht, und ich glaube auch nicht besonders daran.»

232 | Im privaten Meditationsraum | Residenz | Dharamsala | Himachal Pradesh | Indien | 18. Mai 2003

Der Sonntag ist auch für den Dalai Lama ein ruhiger Tag. Er empfängt weder zu Audienzen, noch beschäftigt er sich mit administrativen Aufgaben. Trotzdem beginnt er wie üblich um 3:30 zu meditieren und nutzt den Tag für das Studium von Texten. Er ist froh darüber, am Sonntag zusätzlich Zeit für die Ausübung seines Glaubens zu haben. Am Abend nach dem Duschen schaut er sich im Fernsehen die Nachrichten an.

249 | Der Dalai Lama wirft sich am Ort von Buddhas Erleuchtung nieder | Bodhgaya | Bihar | Indien | 7. Januar 2003

252 | Buddhas Baum der Erleuchtung | Bodhgaya | Bihar | Indien | 7. Januar 2003

# CHRONIK

 དུས་རིམ་ལོ་རྒྱུས།

Tibet im Kontext der Weltgeschichte
von Christian Schmidt

**550 v. Chr.** In Indien wird Siddharta Gautama geboren. Der Sohn eines Prinzen wendet sich dem spirituellen Leben zu und erzeugt eine neue Lehre, die auf dem indischen Brahmanismus aufbaut. Die Lehre verneint die Existenz des «Ichs» sowie eines himmlischen Schöpfers. Siddharta Gautama wird von seinen Anhängern und Schülern später Buddha (Erleuchteter) genannt. Heute ist der Buddhismus nach Christentum, Islam und Hinduismus mit 360 Millionen Anhängern weltweit die viertgrößte Religion.

**500 v. Chr.** Im Tsangpo/Brahmaputratal, im südlichen Teil des heutigen Tibet, beginnen nomadisierende Viehzüchter erstmals sesshaft zu werden und Ackerbau zu betreiben.

**4 v. Chr.** In Palästina wird Jesus Christus geboren. Seine Lehre – gründend auf Gottesliebe und Nächstenliebe – verbreitet sich mit dem Versprechen einer möglichen Erlösung schnell. Mit zwei Milliarden Gläubigen ist das Christentum heute die weltweit größte Religion.

**400 n. Chr.** Unter dem 28. tibetischen König, Lha-tho-tho-ri Nyèn-tsen, tauchen in Tibet erstmals buddhistische Schriften auf. Der Legende zufolge fallen sie vom Himmel direkt auf den Königspalast Yumbulagang.

**570** In Mekka wird Mohammed geboren. Mit vierzig Jahren empfängt er in einer Höhle am Berg Hira eine erste Offenbarung. Mohammed wird zum Propheten und ruft alle Menschen zum Glauben an den einzigen Gott (Allah) auf. Der Islam entsteht, gleichbedeutend mit der völligen Hingabe an den Willen Gottes. Im Jahr 630 steigt Mohammed zum Führer eines theokratischen Staatswesens auf, gewinnt den Machtkampf um Mekka und lässt die alten Götterbilder zerstören. Der Islam ist heute mit einer Milliarde Anhänger weltweit die zweitgrößte Religion.

**617** Geburt des 33. tibetischen Königs, Songtsen Gampo, der zum ersten einigenden Regenten des Landes wird. Er baut eine schlagkräftige Armee auf, die bis nach Nordindien und über die chinesische Grenze hinaus vorstößt. Das abgelegene Hochland wird zum Machtfaktor in Zentralasien. Um sich Songtsen Gampos Freundschaft zu sichern, sendet ihm China eine Braut aus der kaiserlichen Familie.

**618** Beginn der T'ang-Dynastie. Der Buddhismus verbreitet sich in China.

**632** Der Gelehrte Tönmi Sambhota entwickelt die tibetische Schrift aus einem nordindischen Alphabet.

**634** Lhasa wird tibetische Hauptstadt.

**8. Jh.** Der Gelehrte Padmasambhava wird aus Nordindien nach Tibet gerufen, um den Buddhismus in Tibet zu stärken. Die vorbuddhistische Bön-Religion verliert an Einfluss. In Samye gründet Padmasambhava das erste große buddhistische Kloster Tibets. Die buddhistischen Texte werden ins Tibetische übersetzt; die Schule der Nyingma, der «Alten», entsteht. Padmasambhava gilt heute als der eigentliche Begründer des tibetischen Buddhismus und wird entsprechend verehrt.

**755** Trisong Detsen besteigt den Thron in Lhasa. Er erbt ein mächtiges Reich und setzt die Kriegszüge tief hinein nach Indien und China fort.

**763** Tibetische Soldaten besetzen vorübergehend die ehemalige chinesische Hauptstadt Ch'ang-an, heute Xian.

**783** China und Tibet anerkennen in einem Staatsvertrag die Unverletzlichkeit ihrer Grenzen. Die beiden Länder schließen Frieden.

836 ───────────────────────── Der tibetische König Langdarma lässt seinen Vorgänger und Bruder Tri Ralpachen ermorden. Danach setzt er sich selbst auf den Thron. Langdarma ist ein grausamer Herrscher und lässt die Buddhisten verfolgen. Klöster werden entweiht und die Mönche vertrieben, es kommt zu einer Renaissance der Bön-Religion. Während einer Theateraufführung wird Langdarma von einem Mönch mit einem Pfeil erschossen, das tibetische Königreich zerfällt. China und Tibet distanzieren sich voneinander. Für die nächsten 300 Jahre unterhalten die beiden Länder keine offiziellen Beziehungen.

955 ───────── Nach dem Fall des zu Dänemark gehörenden Königreiches von York formieren sich in England die verschiedenen Klein-Königreiche zum gesamtenglischen Reich.

960 ───────────────── Beginn der Song-Dynastie. In China setzt ein schnelles wirtschaftliches und wissenschaftliches Wachstum ein, verbunden mit einem Ausbau der Handelsbeziehungen nach Südostasien und Indien. Schießpulver, Papier und Kompass werden erfunden.

1000 ───────── Der Wikinger Leif Erikson entdeckt Nordamerika; er segelt bis in die Gegend des heutigen Boston.

1012 ───────────────── Geburt von Marpa, Begründer der Kagyü-Tradition, der «mündlichen Schule» oder «Yogi-Schule». Marpa wird Milarepas Lehrer.

1040 ───────────────── Milarepa wird geboren. Der Eremit und Dichter wird durch seine spirituellen Lieder bekannt. Seine Werke zählen in Tibet auch heute noch zu den wichtigsten Inspirationsquellen.

1042 ───────────────── Der große indische Kirchengelehrte und Patriarch des Mahayana-Buddhismus, Atisha, kommt nach Tibet. Atisha reformiert die Mönchsdisziplin und verfasst eine Reihe spiritueller Unterweisungstexte. Atisha ist der Gründer der Kadampa-Tradition.

1071 ───────────────── Gründung des Klosters Sakya in Südtibet. Das Kloster wird in der Folge jener der vier Schulen des tibetischen Buddhismus seinen Namen geben, die sich um eine systematische Ordnung der Tantra-Lehren bemüht.

1096 ───────── In Europa brechen die ersten Kreuzritter auf, um den christlichen Glauben mit Gewalt zu verbreiten beziehungsweise wiederherzustellen. Sie ziehen bis nach Ostafrika und Vorderasien.

1182 ───────────────── Geburt von Sakya Pandita, dem berühmtesten Lehrer der Sakya-Schule.

1207 ───────── Beginn des Großen Mongolen-Feldzugs. Dschingis Khan greift China an, besetzt Nordvietnam, Nordburma, Korea, große Teile Sibiriens und dringt 1240 an die Grenzen Mitteleuropas vor. Sein Reich umfasst 33 Millionen Quadratkilometer.

1215 ───────── In England wird die Magna Charta erlassen. Der «große Freiheitsbrief» garantiert die Unabhängigkeit des Adels vom König und die Unabhängigkeit der Kirche vom Staat. Die Magna Charta wird in der Folge zum eigentlichen Grundgesetz Englands.

1215 ───────────── Dschinghis Khan steht vor Peking.

1244 ───────────────── Tibet ergibt sich Dschinghis Khans Truppen widerstandslos, was das Land vor Plünderungen bewahrt.

1245 ───────────────── Der Franziskanermönch Giovanni Pian del Carpini erreicht als erster Europäer Karakorum, die Hauptstadt der Mongolen.

1253 ───────────────── Im Namen der Mongolen übernehmen die Sakya in Zentraltibet die Regentschaft.

1271 ───────── Beginn der mongolischen Yüan-Dynastie unter Dschinghis Khans Sohn. Kublai Khan, gleichzeitig mongolischer Großfürst und Kaiser Chinas, wird zum Herrscher des größten Reiches der damaligen Welt.

1272 — Marco Polo reist durch Ost- und Zentralchina.

1280 — Tibet ist in zahlreiche kleine Fürstentümer zerfallen. Unter der Yüan-Dynastie wird das Land reorganisiert.

1308 — Geburt von Longchen Rabjam, dem berühmtesten Lehrer der Nyingma-Schule.

1357 — Tsongkhapa wird geboren. Als brillanter Gelehrter verfasst er zahlreiche herausragende philosophische Abhandlungen. Er macht es sich zum Ziel, die ursprüngliche Reinheit von Ethik und mönchischer Disziplin wieder auferstehen zu lassen. Seine Schüler gründen den «Gelugpa»-Orden, den «tugendreichen» Orden. Einer der Neffen Tsongkhapas heißt Gedün Drub. Er wird postum zum ersten Dalai Lama erklärt.

1367 — Die mongolische Yüan-Dynastie bricht zusammen. Auf sie folgt die Ming-Dynastie unter Chu Yüan-chang, der als Buddhist die Verbreitung der Lehre fördert. China erstarkt; kriegerische Vorstöße erfolgen bis nach Korea, Erkundungs- und Handelsfahrten bis in arabische Länder und nach Somalia.

1367 — Mit dem Ende der Yüan-Dynastie erhält Zentraltibet seine Selbständigkeit zurück und wird unter der Dynastie der Pagmo-dru eine eigenständige Monarchie.

1378 — In der katholischen Kirche Europas kommt es zum Schisma. Drei Päpste beanspruchen gleichzeitig die oberste klerikale Gewalt.

1382 — Die Mongolen äschern Moskau ein und etablieren ihre Oberherrschaft über Russland.

1391 — Gedün Drub, postum als der erste Dalai Lama bezeichnet, wird in der Provinz Tsang geboren. Bereits in der Nacht nach seiner Geburt zeigt sich sein besonderes Schicksal: Räuber dringen in die Hütte der Familie, weshalb die Mutter das Kind in einer Höhle versteckt. Als sie am nächsten Tag zurückkommt, drängen sich Schakale und Geier vor der Höhle, doch ein großer Rabe bewacht das Kleinkind. Der Rabe, so finden Weissager heraus, ist eine Erscheinung des Buddha des Mitleids. Bis zum Alter von sieben Jahren hütet der Knabe die Ziegen und Schafe seiner Eltern, dann tritt er ins Kloster Narthang ein, erhält den Namen «Vollender der Geistlichkeit» und zeigt sehr bald, wie außerordentlich intelligent und talentiert er ist. Seine Lehrer – es sollen 60 gewesen sein – machen ihn in der Folge zu einem der gebildetsten Menschen seiner Zeit. Gedün Drub, ganz der Liebe und dem Mitgefühl verschrieben, brilliert mit analytischer Überlegenheit und Rhetorik. Mit Mahatma Gedün Drub («Große Seele» Gedün Drub) setzt in Tibet eine entscheidende Machtverschiebung ein: Weltliche Regenten werden im Verlauf der kommenden Jahrhunderte immer mehr an Macht verlieren. Die Mönche sind ihnen sowohl an Wissen wie auch an Tatkraft überlegen.

1409 — Tsongkhapa gründet im Nordosten Lhasas das Kloster Ganden und macht es zu seinem Hauptsitz. Das Kloster beherbergt bis zur Kulturrevolution, das heißt bis zu seiner weitgehenden Zerstörung, 3000 Mönche.

| | |
|---|---|
| 1416 | Gründung des Klosters Drepung in der Nähe von Lhasa. Das Kloster ist eine eigentliche Klosterstadt: Es beherbergt in seiner Blüte bis zu 8000 Mönche. |
| 1419 | Gründung des Klosters Sera im Norden Lhasas. Das Kloster wird später zum Ausgangspunkt verschiedener Revolten gegen die chinesischen Besatzer. |
| 1445 | In Deutschland gelingt Johannes Gutenberg der erste Buchdruck mit beweglichen Lettern. |
| 1447 | Gründung des Klosters Tashilhünpo bei Shigatse. Es ist über Jahrhunderte Residenz des zweithöchsten religiösen Würdenträgers Tibets, des Panchen Lama. |
| 1473 | Kopernikus entwickelt das heliozentrische Weltbild. |
| 1475 | Gedün Drub stirbt mit 84 Jahren. Nach seinem Tod bleibt die Natur 13 Tage lang vollkommen still. Sogar die Bäume lassen ihre Blätter hängen. Seine Asche wird mit Ton vermengt und zu einer Buddhastatue geformt. Im gleichen Jahr wird Gedün Gyatso, der 2. Dalai Lama, geboren. Die Geburt erfolgt unter wundersamen Umständen. Die Mutter sieht bei der Empfängnis vergoldete Schriftbände, die sich zur Krone schließen und in ihr verschmelzen. Bei der Geburt leuchtet das Kind hell wie ein Bergkristall, und fast augenblicklich faltet es seine Hände zum Gebet, dreht das Gesicht in Richtung des Klosters Tashilhünpo und beginnt Worte aus dem Tara-Mantra zu murmeln. Sobald es sprechen kann, teilt es dem Vater mit, es sei eine Reinkarnation. |
| | Als der Abt des Klosters davon hört, bittet er die Eltern mit dem Kind zu sich. Dort begrüßt der Junge die Mönche namentlich, obwohl er sie noch nie gesehen hat. Im Kloster beginnt die Ausbildung; er unterzieht sich der traditionellen Zeremonie des Haareschneidens, wird zum Novizen und erhält seinen neuen Namen. Zum ersten Mal wird ein Dalai Lama «Gyatso» genannt, «Ozean». Im Alter von 16 Jahren kann Gedün Gyatso so schnell hundert Textzeilen auswendig lernen wie jemand eine Tasse Tee trinkt. |
| 1492 | Christoph Columbus entdeckt Amerika. |
| 1494 | Vasco da Gama erreicht Indien. |
| 1509 | Der 2. Dalai Lama erhält in einer Vision die Weisung, am See Lhamö Lhatso, 150 Kilometer südöstlich von Lhasa, das Kloster Tschökhorgyel zu bauen. Es ist jener See, in dessen Spiegelungen Seher künftig Hinweise auf die Reinkarnation des nächsten Dalai Lama finden werden. Seine größte Bedeutung erlangt Gedün Gyatso, indem er sich als Friedensstifter und geschickter Diplomat zwischen den Fronten erweist, denn damals herrscht in Tibet politische Anarchie. Die Regenten der einzelnen Fürstentümer liegen miteinander im Streit, das Land ist zerstückelt und so kraftlos, dass China tibetisches Territorium ohne nennbaren Widerstand besetzen kann. Auch unter den Orden herrscht Uneinigkeit. Gedün Gyatso reist unentwegt, um zu vermitteln und das Land religiös wie weltlich wieder zu einen. Er hat zumindest teilweise Erfolg. Damit festigt er das Amt der Dalai Lamas und macht klar, welch entscheidende Bedeutung die Institution für das Land hat. |

| | |
|---|---|
| 1516 | Vor der chinesischen Küste ankert das erste Schiff europäischer Herkunft. Es kommt aus Portugal. |
| 1517 | Martin Luther schlägt in Wittenberg seine Thesen an der Kirchentür an. Beginn der Reformation. |
| 1519 | Der Spanier Hernán Cortés erobert mit seinen Truppen das Aztekenreich und leitet damit die Kolonialisierung Nordamerikas ein. |
| 1542 | Gedün Gyatso verlässt seine irdische Hülle. Er kann seine Todesstunde vorhersagen und erlebt sie im Zustand vollkommener Ausgeglichenheit. Er wird 67 Jahre alt. Postum erhält er den Titel Dalai Lama. |
| 1543 | Sönam Gyatso, der 3. Dalai Lama, wird in der Provinz Ü geboren. Als er auf die Welt kommt, leuchtet er wie ein Juwel, und am Himmel zeigen sich zahllose Regenbogen, aus denen bunt schillernde Blüten fallen. Bereits als Kleinkind sitzt er in Meditationshaltung und erzählt aus dem Leben des 2. Dalai Lama. Als Abgesandte des Klosters Drepung kommen, unterhält sich der Junge mit ihnen über die schwierigsten Themen der buddhistischen Lehre. Er tritt ins Klosterleben ein, nimmt Platz auf dem Löwenthron und führt das friedensstiftende Werk seines Vorgängers fort. Insbesondere gelingt es ihm, die beiden wichtigsten Strömungen des tibetischen Buddhismus – die Nyingmapa und Gelugpa – einander anzunähern. Zudem definiert er als einer der Ersten die Politik als Element der buddhistischen Lehre. |
| 1555 | Im Augsburger Religionsfrieden wird der Protestantismus neben dem Katholizismus als gleichberechtigt anerkannt. |
| 1576 | Sönam Gyatso wird in die Mongolei eingeladen, um auch dort den Buddhismus zu verbreiten. Er macht sich auf die 1500 Kilometer weite Reise. Herrscher Altan Khan ist beeindruckt von der Weisheit seines Gastes und verleiht ihm den Titel «Talaï». Das mongolische Wort bedeutet «Ozean», eingeschlossen darin auch «Weisheit». Sönam Gyatso nimmt den Titel an und setzt sich gleichzeitig dafür ein, dass seinen beiden Vorgängern postum derselbe Titel zugesprochen wird, was zwei Jahre später geschieht. Damit ist die Linie der Dalai Lamas endgültig begründet. |
| 1588 | Der 3. Dalai Lama stirbt im Alter von 45 Jahren. Auch Sönam Gyatso hat mit seiner vermittelnden und bildenden Tätigkeit die tibetische Geschichte entscheidend beeinflusst und der Institution Dalai Lama weiter Bedeutung verliehen. |
| 1589 | Yönten Gyatso, der 4. Dalai Lama, wird geboren. Er kommt in der Mongolei zur Welt, als – bislang – einziger Dalai Lama außerhalb Tibets. Während der Schwangerschaft soll der Fötus gemäß Legende nicht in einer Fruchtblase herangewachsen sein, sondern in einer Aureole aus Kristallrosen. Schon bald nach der Geburt bezeichnet der Knabe sich selbst als Reinkarnation des 3. Dalai Lama, weshalb aus Tibet eine Delegation anreist, um zu prüfen, ob der Abkömmling einer bekehrten Mongolenfamilie tatsächlich der 4. Dalai Lama ist. Im Alter von 13 Jahren bricht das Kind mit seinem Gefolge Richtung Tibet auf. Es reitet an der Großen Mauer entlang, weiht unterwegs Mönche und gibt Belehrungen. Im Klos- |

ter Drepung angekommen, beginnt seine eigentliche Ausbildung. Insgesamt ist Yönten Gyatso kein Dalai Lama, der große Veränderungen zu bewirken vermag. Er gilt als gelehrig, aber wenig durchsetzungsfähig. Zudem ist er ein Urenkel des Mongolenfürsten Altan Khan, weshalb die Nyingmapa eine aufkommende Allianz zwischen Mongolen und Gelugpa befürchten. Klöster der Gelugpa werden angegriffen, Yönten Gyatso muss aus Zentraltibet fliehen.

1617 — Der 4. Dalai Lama stirbt im Alter von 28 Jahren. Im gleichen Jahr wird Ngawang Lobsang Gyatso, der 5. Dalai Lama, geboren. Die Spannungen zwischen Gelugpa und Nyingmapa bestehen weiter. Die Gelugpa geraten in die Defensive, ihre Klöster werden von den Nyingmapa und dem ihnen zugewandten tibetischen Herrscher Karma Phuntsok Namgyal belagert. Der Abt des Klosters Drepung, beauftragt mit der Suche nach der Reinkarnation, zögert in der Hoffnung auf ruhigere Zeiten seinen Auftrag hinaus – insbesondere, als sich zeigt, dass einer der Kandidaten aus einer Familie stammt, welche die Rivalitäten weitergeschürt hätte. Erst mehrere Jahre später macht er sich in das Dorf Chong-gye auf, um das inzwischen fünfjährige Kind zu besuchen. Als der Würdenträger ankommt, wird er vom Knaben mit folgenden Worten empfangen: «Weshalb kommst du erst jetzt hierher?» Dann setzt sich das Kind auf den Schoß des Abtes, und sie unterhalten sich über «die tiefgründigsten und delikatesten Gegenstände der Religion», wie es in einer zeitgenössischen Quelle heißt.

1620 — In Nordamerika, an der Küste Neuenglands, etabliert sich die erste Kolonie weißer Siedler.

1625 — Nach seiner Weihung macht sich der neue Dalai Lama bald einen Namen als Oberhaupt, das wiederum zu vermitteln versteht und die buddhistische Lehre als universelle Aufgabe sieht. So versucht er jede Engstirnigkeit zu verhindern und lässt sich auch von Meistern der Nyingmapa belehren; gleichzeitig versucht er sich aus den ständigen Scharmützeln und Streitigkeiten mit mongolischen Stämmen herauszuhalten.

1638 — Als die Mongolen einmal mehr gegen Lhasa stürmen, dankt der letzte tibetische König ab. Doch der Mongolenführer Gusri Khan behält die Macht nicht für sich, sondern übergibt sie dem Dalai Lama. Ngawang Lobsang Gyatso wird somit zum ersten Dalai Lama, der nicht nur religiöses, sondern auch weltliches Oberhaupt ist. Er macht sich an die Einigung des Landes und gibt der tibetischen Regierung eine Form, die sie 300 Jahre lang – bis 1959 – beibehalten wird. Es ist auch Ngawang Lobsang Gyatso, der den Sitz des Dalai Lamas vom Kloster Drepung nach Lhasa verlegt. Zudem begründet er die Insitution des Panchen Lama, des zweithöchsten religiösen Würdenträgers Tibets.

1644 — Nach längeren politischen Wirren nehmen Manchu-Truppen Peking ein; es kommt zum Sturz des letzten Ming-Kaisers. Mit der Machtübernahme durch die neuen Herrscher beginnt die Qing-Dynastie. Unter ihnen etabliert sich China wieder als Großmacht und expandiert: Die Mongolei und auch Tibet geraten unter die Oberhoheit der Qing-Kaiser.

| Mark Hotel | New York City | USA | 17. September 2003

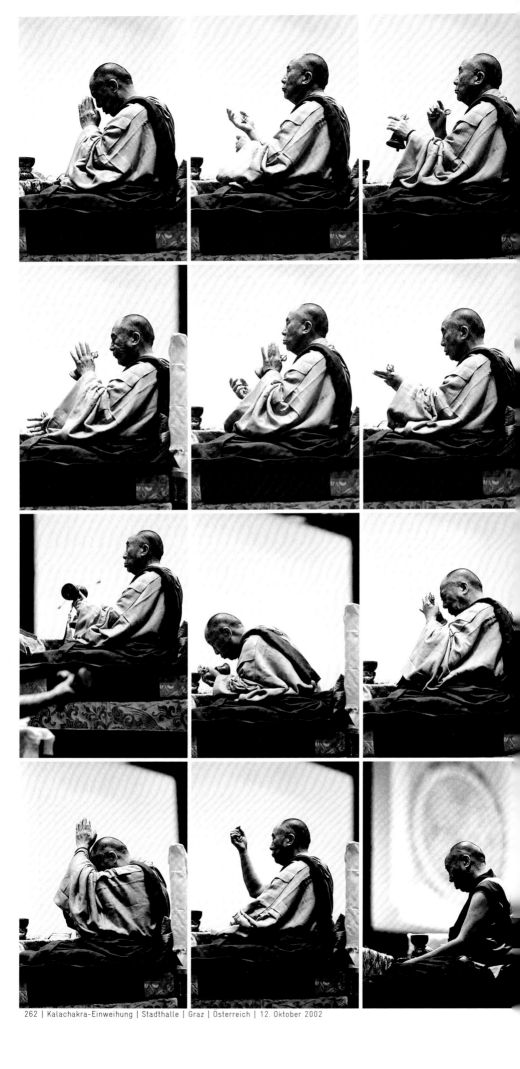

| 1645 | Beginn des Baus des Potala, des Palastes mit über tausend Zimmern. Hier sind auch die bisherigen Dalai Lamas bestattet. |

1651 — Nachdem der 5. Dalai Lama eine Reihe außenpolitischer Erfolge errungen hat – unter anderem vermag er die kriegerischen und expansionslüsternen Dsungaren zu beruhigen –, reist er nach Peking. Es ist eine schwierige Mission; denn der Dalai Lama ist sich bewusst, dass der chinesische Kaiser Kang-shi seinen Einfluss auf Tibet verstärken will. Doch die beiden einigen sich auf eine Formel, von der beide Seiten profitieren: Der Kaiser in China hat zwar vom Himmel den Auftrag erhalten, die Erde zu lenken, doch der Dalai Lama ist die Quelle, welche dem (buddhistischen) Kaiser die Kraft zur Weiterentwicklung gibt.

1661 — Der österreichische Jesuitenpater Johann Grueber und sein belgischer Mitbruder Albert d'Orville erreichen als erste Europäer Lhasa.

Um 1680 — Ngawang Lobsang Gyatso erkrankt schwer. Er setzt den tibetischen Regenten Sangye Gyatso als seinen Stellvertreter ein, der den nahenden Tod des Dalai Lama geheimhält, damit dessen stabilisierendes Lebenswerk nicht gefährdet wird. Der Öffentlichkeit sagt man, der Dalai Lama habe sich zu einer zwölf Jahre langen Meditation zurückgezogen. Als Ngawang Lobsang Gyatso dann zwei Jahre später im Alter von 65 Jahren stirbt, zeigt sich den Gläubigen bei öffentlichen Auftritten von nun an ein alter Lama, der dem Dalai Lama ähnlich sieht. Es gelingt, den Tod von Ngawang Lobsang Gyatso bis 1697 zu verheimlichen.

1683 — Tsangyang Gyatso, der 6. Dalai Lama, wird in einem Dorf nahe der heutigen Ostgrenze zu Indien geboren. Das tibetische Volk weiß zu diesem Zeitpunkt noch nichts vom Tod des 5. Dalai Lama, weshalb Regent Sangye Gyatso die Suchtrupps heimlich ausschicken muss, um die Reinkarnation zu finden. Der junge Dalai Lama fällt bereits in früher Kindheit auf. So hinterlassen seine ersten Schritte Abdrücke im Stein, und er ritzt mit den Fingern mystische Zeichen in die Felsen. Der Knabe wird unter Stillschweigen in ein Kloster gebracht, wo seine Ausbildung beginnt. Doch er entwickelt sich nicht wie gewünscht. Das Kind kann sich lange nicht entscheiden, ob es sich den Nyingmapa oder den Gelugpa anschließen soll.

1689 — Geburt Peters des Großen. Er wird Russland nach Westen ausdehnen und als Großmacht etablieren.

1697 — Als sich die Gerüchte um den Tod des 5. Dalai Lama nicht mehr länger unterdrücken lassen, holt der Regent den Nachfolger aus seiner Klause und präsentiert ihn dem Volk. Der Knabe, inzwischen 14 Jahre alt, erhält den Namen Tsangyang Gyatso. Obwohl nun inthronisiert, zeigt er weiterhin nur geringes Interesse an seinen Verpflichtungen. Seine Zeit verbringt er lieber mit Freunden. Er spaziert gerne und liebt Bogenschießen. Möglicher Grund dafür: Der 6. Dalai Lama ist verliebt. Dafür spricht eine Reihe sehnsüchtiger Gedichte an eine Frau, die er offenbar noch vor seiner Inthronisierung kennen gelernt hat. In Lhasa hilft er sich über den Schmerz hinweg, indem er mit Freunden von Taverne zu Taverne zieht.

Das Volk steht weiter zu ihm, auch als er sein Mönchsgelübde widerruft, sich in blaue Seide kleidet, die Haare wachsen lässt und Ringe an den Fingern trägt.

18. Jh. — Beginn der Aufklärung in Europa. Gemäß Definition Immanuel Kants bedeutet sie den «Ausgang des Menschen aus seiner selbst verschuldeten Unmündigkeit».

1706 — Der mongolische Titularkönig von Tibet, Lhabzang, setzt gewaltsam einen anderen 6. Dalai Lama ein. Tsangyang Gyatso muss den Thron verlassen, er wird in Absprache mit China Richtung Peking abgeschoben. Auf dieser Reise, in der Nähe des Sees Gunga-nor, verliert sich seine Spur. Er ist noch keine 24 Jahre alt. Gerüchte über ein gewaltsames Ende verstummen nie. Eine andere Version besagt, er habe mit einem Lama-Tanz einen Sandsturm entfacht, sich darauf in Meditationshaltung hingesetzt und aufgehört zu atmen – um nicht als politische Geisel gegen sein eigenes Land missbraucht werden zu können. Der 6. Dalai Lama ist der einzige Dalai Lama ohne Grabstätte.

1707 — Italienische Kapuzinermönche treffen in Lhasa ein und missionieren.

1708 — Kelsang Gyatso, der 7. Dalai Lama, kommt zur Welt. Er wird in die Zeit eines erneuten politischen Vakuums hineingeboren: Dsungaren dringen nach Lhasa vor, ermorden den mongolischen Titularkönig Lhabzang und setzen den von Lhabzang auserkorenen 6. Dalai Lama ab. Ihr Versuch, sich des 7. Dalai Lama zu bemächtigen, scheitert, denn das Kind wurde zur Sicherheit bereits in das Grenzgebiet zu China gebracht, wo es streng bewacht von kaiserlichen Truppen seine Jugend verbringt.

1717 — Die dsungarischen Mongolen besiegen die Chinesen und erobern Zentraltibet. Die Mauern Lhasas werden geschleift. Die neuen Herrscher können sich nur kurz halten.

1720 — Chinesische Truppen besiegen die Dsungaren.

1720 — Unter dem Schutz chinesischer Truppen zieht der neue Dalai Lama mit zwölf Jahren in Lhasa ein. Die Stimmung beruhigt sich fast sofort. Hier erhält er seinen neuen Namen, «Ozean der Glückseligkeit». Lobsang Kelsang Gyatso fällt durch seine außerordentliche Intelligenz und Lernfähigkeit auf. So durchläuft er in wenigen Monaten ein Ausbildungsprogramm, für das andere Jahre brauchen.

1723 — Das Christentum wird in China verboten.

1727 — Nach einigen ruhigen Jahren provoziert die Ermordung des tibetischen Regenten erneut Krieg.

1727 — Gezwungen durch die Unruhen, muss der Dalai Lama den Potala verlassen. Als Verbannter verbringt er sechs Jahre in der Klosterfestung Kashdag an der Ostgrenze des Landes.

1728 — Errichtung einer ständigen chinesischen Garnison in Lhasa.

1733 — Der Dalai Lama kehrt nach Lhasa zurück. Doch auch jetzt kehrt keine Ruhe ein. Der Dalai Lama versucht zu beschwichtigen und fleht in Gedichten darum, man möge sein Land von dem irdischen Machtringen erlösen. Vergeblich. Der Zwist zwischen China und der Mongolei um die

Oberherrschaft über Tibet flackert immer wieder von neuem auf. Schließlich gewinnt China einmal mehr die Oberhand. Der Dalai Lama agiert zwar wieder als weltliches und religiöses Oberhaupt, doch er selbst fühlt seine Kräfte schwinden.

1757 — Der Dalai Lama zieht sich für mehrere Monate an den See der Visionen zurück. Hier stirbt er Ende März im Alter von 48 Jahren.

1758 — Jampel Gyatso, der 8. Dalai Lama, wird im Dorf Thobgyal in der Provinz Ober-Tsang geboren. Mit vier Jahren kommt der Knabe auf den Thron und erhält nach seiner Weihe zum Mönch den Namen «Ozean der Sanftmut und des Ruhmes». Doch dann wird es um den jungen Jampel Gyatso still.

1760 — In Großbritannien beginnt die industrielle Revolution. Arbeitsteilung, neue Techniken und Massenproduktion läuten ein neues Zeitalter ein.

1763 — Im Unabhängigkeitskrieg lösen sich die 13 britischen Kolonien an der Ostküste Nordamerikas vom Mutterland und gründen drei Jahre später die Vereinigten Staaten von Amerika.

ca. 1770 — Auf dem indischen Subkontinent beginnen sich die Briten festzusetzen. Der britische Vizekönig von Indien, Warren Hastings, entsendet einen Delegierten nach Tibet – mit dem Auftrag, neue Handelsmöglichkeiten zu recherchieren. Die Mission bleibt erfolglos.

1789 — Die Französische Revolution verändert Europa grundlegend. Die Monarchie hat ausgedient; eine bürgerliche Gesellschaft ersetzt Feudalismus und Stände.

1790 — Truppen des nepalesischen Königs dringen über die Himalaja-Pässe in Tibet ein. Grund sind Streitigkeiten über Salzvorkommen und die bisherigen Rechte Nepals, für Tibet Münzen zu prägen. Allerdings währt der Einfluss nur kurze Zeit; denn schon bald vermag China die Gurkhas wieder zu vertreiben. China baut seine Position in Tibet weiter aus. Die Herrschaft geht bald so weit, dass der tibetische Regent ohne Zustimmung der Statthalter aus Peking nicht einmal Briefe versenden darf.

1791 — Der 8. Dalai Lama mischt sich nicht in die Auseinandersetzungen ein. Er zieht sich zurück und tritt seine weltliche Macht an seinen Regenten ab.

1794 — Eine Pockenepidemie grassiert in Tibet.

1804 — Napoleon Bonaparte wird Kaiser Frankreichs. Im folgenden Jahr besiegt er in der Schlacht von Austerlitz die russischen und österreichischen Truppen.

1804 — Der 8. Dalai Lama stirbt im Alter von 46 Jahren.

1806 — Lobsang Lungtog Gyatso, der 9. Dalai Lama, wird geboren – im gleichen Zeitraum wie ein zweiter Knabe, der als mögliche Reinkarnation gilt. Beide werden überprüft. Welcher der Richtige ist, zeigt sich schließlich anhand der Gegenstände, welche die beiden Knaben aus dem Besitz des 8. Dalai Lama wiedererkennen müssen. Der 9. Dalai Lama ist jener Junge, der in der Provinz Kham am Oberlauf des Yangtse geboren werde. Bereits im Alter von zwei Jahren wird er im Potala als «Ozean von Prophetien» inthronisiert. Über Lungtog Gyatso ist wenig mehr bekannt, als dass er ein freundlich lachendes, charismatisches Kind gewesen ist. Dass die chinesischen Statthalter immer anmaßender werden und für jede Kleinigkeit bezahlt werden müssen, kann das Kind noch nicht realisieren.

**1815** Der 9. Dalai Lama ſtirbt am 26. März im Alter von neun Jahren, wahrscheinlich an einer Lungenentzündung.

**1816** Tsültrim Gyatso, der 10. Dalai Lama, wird geboren. Er entpuppt sich als sensibler Mensch, der mehr auf der Seite des Volkes ſteht, als dass er für den Adel Sympathien aufbringt. Zu deutlich iſt, dass die herrschende Schicht die Steuern immer weiter erhöht, um sich selbſt zu bereichern. Es iſt wahrscheinlich diese Ablehnung der traditionellen Machtverhältnisse, die den «Ozean an Sittlichkeit» wenig später das Leben koſten wird. Die Miniſter fürchten sich vor der Volljährigkeit des Dalai Lama, da sie dann an Einfluss verlieren.

**1834** Zorawar Singh, Maharaja von Kashmir, läſst seine Truppen in das eng mit Tibet verbundene Ladakh einmarschieren. Wenig später dringen die Soldaten weiter vor Richtung Tibet, doch die Truppen der tibetischen Regierung schlagen die Eindringlinge.

**1837** Der 10. Dalai Lama ſtirbt im Alter von 21 Jahren. Die Gründe bleiben letztlich ungeklärt. Zwar iſt er von schwacher und kränklicher Natur, und möglicherweise wird er – schleichend – vergiftet. Andererseits iſt auch überliefert, dass eines Tages die Decke seines Zimmers einſtürzt und ihn begräbt. Weshalb sie herunterfällt und weshalb sich an seinem Hals eine myſteriöse Wunde findet, iſt nie geklärt worden.

**1838** Lobsang Kedrub Gyatso, der 11. Dalai Lama, wird geboren. Dem tibetischen Regenten Samadhi Bakshi eilt es nicht mit der Suche nach der Reinkarnation. Solange kein Nachfolger da iſt, bedroht niemand seine Position, und er kann darauf beſtehen, in einer Sänfte mit Baldachin durch die Straßen getragen zu werden – ansonſten das Kennzeichen des Dalai Lama oder des Panchen Lama, der beiden höchſten Würdenträger des Landes. Die Herrschaft des Regenten basiert auf Korruption und erschlichenen Privilegien. Als der 11. Dalai Lama gefunden wird, iſt das Kind drei Jahre alt. Es ſtammt aus einer armen Familie an der Grenze zwischen Kham und Szechuan. Sein Vater verdient sein Leben mit Dungsammeln. Eine solche Herkunft iſt unüblich. Meiſtens werden die Reinkarnationen im niedrigen oder höheren Adel gefunden.

**1840** Ausbruch des zwei Jahre dauernden Opiumkrieges. England zettelt den Krieg gegen China an, um mit Gewalt den Markt für die lukrative Droge ins Reich der Mitte auszudehnen. China verliert den Krieg – und damit auch an Macht in Tibet. Um sich finanziell schadlos zu halten, annektiert England Hongkong und macht die Stadt zur Kronkolonie.

**1842** Im Alter von vier Jahren kommt Kedrub Gyatso, «Ozean von Wissen und geiſtlicher Vollendung», auf den Thron. Bereits mit sieben Jahren übernimmt er offiziell die Regierungsgeschäfte.
Sein wiederum nur kurzes irdisches Leben wird überschattet von innen- und außenpolitischen Querelen. Der tibetische Regent treibt es so bunt, dass das Volk sich gegen ihn und den ebenso korrupten chinesischen Statthalter erhebt. Die tibetischen Äbte ersuchen in der Folge den Kaiser

in Peking um Hilfe. Dieser sendet einen neuen Statthalter; der Regent wird verhaftet.

1854 — Erneut überschreiten nepalesische Gurkhas die Grenze zu Tibet.

1856 — Ngawang Lobsang Trinle Gyatso, der 12. Dalai Lama, wird im südtibetischen Dorf Öl-ga geboren. Auch er stammt aus bescheidenen Verhältnissen. Sein Vorgänger, Kedrub Gyatso, soll einmal bei einer Audienz auf die Mutter des 12. Dalai Lama gedeutet und gesagt haben, sie werde ihn als seinen eigenen Nachfolger gebären. Aus dem Leben des Trinle Gyatso ist sehr wenig bekannt. Er wird im Alter von vier Jahren als «Ozean an vermittelndem Wirken» inthronisiert, während im Potala gleichzeitig ein neues Netz von Intrigen gesponnen wird: Der amtierende Regent muss nach einer erzwungenen Steuererhöhung fliehen. Unterwegs vergiftet er sich, um den tibetischen Soldaten nicht in die Hände zu fallen.

1860 — Weil sich der chinesische Kaiser der Ausbeutung seines Landes durch die Kolonialisten Europas nicht beugen will, besetzen französische und englische Truppen Peking. Der Kaiserpalast wird geplündert.

1864/65 — Russland erobert Mittelasien.

1875 — Im Alter von 15 Jahren übernimmt der 12. Dalai Lama die weltliche Macht in Tibet, doch bereits zwei Jahre später stirbt er. Nachdem nun hintereinander vier Dalai Lamas kaum die Volljährigkeit erreicht haben – der älteste unter ihnen wurde 21 Jahre –, hat die Institution der Dalai Lamas ihre politische Macht weitgehend eingebüßt.

1876 — Ngawang Lobsang Thupten Gyatso, der 13. Dalai Lama, wird geboren. Auf der Suche nach der Reinkarnation begibt sich der auserwählte Abt zum heiligen See, Lhamö Lha-tso. Es ist Winter. Nach langen Meditationen sieht er im schimmernden Eis die Schemen einer Familie, und er kann auch das Haus erkennen, vor dem die Familie steht. Auf dem Weg zurück nach Lhasa macht er im Dorf Perchode Halt – und entdeckt dort genau das Bild, das er im See gesehen hat. Bei seinen Erkundigungen zeigt sich, dass die Mutter des kommenden Dalai Lama in der Nacht der Empfängnis geträumt hat, eine Girlande aus Gebetsfahnen spanne sich vom Potala bis zu ihrem Haus. Nach Abschluss aller Befragungen besuchen der Regent und die Äbte die Familie und führen sie nach Lhasa. Zwei Jahre nach der Geburt wird der Junge offiziell zum 13. Dalai Lama erklärt. Der «Ozean der Gelehrsamkeit» wird endlich wieder zu einem herausragenden Dalai Lama, der seinem Land ein beeindruckendes weltliches und religiöses Oberhaupt ist. Tibet kann einen solchen Führer gebrauchen, denn die politische Lage Asiens ist mehr im Umbruch denn je.

1883 — Der Krieg mit Frankreich beendet die chinesische Oberhoheit über Indo-China. Peking verliert die Kontrolle über Vietnam, Laos und Kambodscha; Großbritannien übernimmt Burma (Myanmar).

1893 — Geburt Mao Tse-tungs.

1894 — China und Japan kämpfen um den Einfluss auf Korea. Japan gewinnt.

1899 — In Den Haag beginnt die erste Internationale Abrüstungskonferenz. Sie endet ergebnislos.

1900 — In Lhasa nimmt man die aktuelle Schwäche Chinas als Anlass, um Kontakte zu Russland zu knüpfen. Das Reich stellt eine Möglichkeit dar, um der wechselnden Oberherrschaft zwischen China und Mongolen zu entrinnen. Der burjätische Buddhist Agvan Lobsang Dorjeff reist als Emissär an den Zarenhof nach St. Petersburg. Gerüchte über einen Geheimvertrag zwischen Tibet und Russland tauchen auf.

1904 — Englische Truppen unter Leitung von Francis Younghusband dringen auf tibetisches Gebiet vor, um eine weitere Annäherung Tibets an den Zarenhof zu unterbinden. Gleichzeitig erzwingen die Truppen neue Handelswege. Der englische Gesandte setzt einen Vertrag auf, der dem Land ein grenzüberschreitendes Handelsrecht zusichert und Lhasa zu exorbitanten Schadenersatzzahlungen verpflichtet. Younghusband und sein Vorgesetzter, der englische Vizekönig in Indien, sind aber allzu eigenmächtig vorgegangen, denn der Vertrag wird von London für nichtig erklärt.

1904 — Gezwungen durch die britische Invasion, verlässt der Dalai Lama zum ersten Mal unfreiwillig das Land. Er flieht in die Mongolei.

1908 — Der Dalai Lama reist aus der Mongolei nach Peking, wo er vor dem Kaiser seine Unterwürfigkeit bezeugen soll. Er weigert sich jedoch, den gewünschten Kotau zu machen, und lässt sich als Respektsbezeugung nur auf ein Knie nieder. Trotzdem muss er sich einem neuen chinesischen Verdikt beugen: Es bezeichnet Tibet nun als chinesische Provinz. Als Gegenleistung erhält der Dalai Lama einen neuen Titel sowie fünf Eisenbahnwaggons gefüllt mit Geschenken.

1909 — Peking entsendet immer mehr Truppen und Beamte nach Lhasa; die Soldaten marschieren gegen Klöster und töten Mönche.

1909 — Der Dalai Lama kehrt im Dezember nach Lhasa zurück. Hier verschlimmert sich die Situation.

1910 — Im Februar muss der Dalai Lama erneut fliehen. Er zieht sich über Sikkim nach Darjeeling zurück, wo er Hilfe bei den Briten sucht, mit denen er sich inzwischen ausgesöhnt hat. Peking erklärt den Dalai Lama darauf für abgesetzt.

1911 — Revolution in China. Die Republik wird ausgerufen; eine provisorische Regierung kommt an die Macht; der Kaiser dankt ab. Gleichzeitig beginnt das Reich auseinander zu brechen. Während im Norden verschiedene Kriegsherren herrschen, etablieren im Süden Sun Yatsen und die Kuomintang («Nationale Volkspartei») ihre Macht.

1911 — Der Wandel in China bringt Tibet eine kurze Verschnaufpause. Ein Teil der in Lhasa stationierten chinesischen Soldaten meutert, die anderen werden von Partisanen aus dem Land gedrängt, worauf sich der Dalai Lama zur Rückkehr entschließt.

1913 — Im Januar kehrt der Dalai Lama zurück. Sein Einzug in Lhasa wird zum Triumph. Er lässt die verbliebenen Soldaten entwaffnen, proklamiert die Souveränität Tibets und beginnt das Land zu reformieren. Er schafft die ans Mittelalter erinnernden Abhängigkeitsverhältnisse in der Landwirtschaft ab, untersagt es den Klöstern, Steuern einzutreiben, und verbietet körperliche Verstümmelung als Strafmaßnahme.

| 1913/14 | Tibet, China und Großbritannien treffen die «Vereinbarung von Simla». Je nach Auslegung bestätigt das Papier die Eigenständigkeit Tibets oder definiert das Land als Gebiet unter chinesischer Oberhoheit. China ratifiziert das Papier nicht. |

1914 — Der Erste Weltkrieg beginnt.

1917 — Die Revolution in Russland bringt die Bolschewisten an die Macht. Der Zar dankt ab.

1921 — Gründung der Kommunistischen Partei Chinas.

1926 — Während im Süden die Kuomintang-Partei in einen kommunistisch und einen kapitalistisch ausgerichteten Flügel auseinander bricht, greift Chiang Kaishek die Kommunisten im Norden an. In Shanghai kommt es zu einem Massaker.

1928 — Mao Tse-tung ruft zur Revolte auf. Militärisch bleibt er vorerst aber schwach und beschränkt sich auf Guerillataktik.

1929 — Die Weltwirtschaftskrise bricht aus.

1933 — Adolf Hitler kommt an die Macht.

1933 — Der 13. Dalai Lama stirbt im Dezember im Alter von 58 Jahren.

1934 — Die kommunistischen Truppen werden von den Kuomintang in den Norden zurückgedrängt. Der «lange Marsch» über 12 000 Kilometer beginnt. Unterwegs verbreitet Mao Tse-tung sein Gedankengut; er findet unter der verarmten Landbevölkerung viele Anhänger.

1935 — Der 14. Dalai Lama, Tenzin Gyatso, kommt in einem kleinen Dorf in der Provinz Amdo zur Welt. Als der mit der Suche nach der Reinkarnation beauftragte Lama verkleidet als Händler das Haus betritt, deutet das zweijährige Kind auf den Rosenkranz, den der Lama um den Hals trägt, und sagt: «Ich will das.» Der Lama erwidert: «Wenn du weißt, wer ich bin, gebe ich dir diesen Rosenkranz.» Das Kind antwortet richtig: «Du bist ein Lama aus dem Kloster Sera.»

1937 — Die japanische Invasion in China zwingt Kuomintang und Kommunisten zu einer kurzfristigen Allianz.

1939 — Mit seinem Angriff auf Polen löst Hitler den Zweiten Weltkrieg aus.

1940 — Der 14. Dalai Lama wird in Lhasa inthronisiert.

1945 — Die Konferenz auf Jalta beendet den Zweiten Weltkrieg. Im selben Jahr wird in San Francisco die UNO gegründet.

1945 — Tibet ist neutral geblieben im Zweiten Weltkrieg und hat sowohl den Amerikanern wie auch den Nationalisten Chinas untersagt, militärische Güter durch das Land zu transportieren.

1948 — Der Staat Israel wird proklamiert.

1949 — Die NATO wird gegründet.

1949 — Mao Tse-tung ruft die Volksrepublik China aus, nachdem die Volksbefreiungsarmee die Truppen der Nationalisten geschlagen hat.

1949 — Nach dem Rückzug der nationalistischen Regierung Chinas nach Taiwan vertritt die tibetische Regierung die Ansicht, die noch aus der Kaiserzeit stammenden engen Beziehungen zu China seien nun zu Ende. Sie teilt dem chinesischen Statthalter in Lhasa mit, er habe das Land im Verlaufe von zwei Wochen zu verlassen. Der Ausweisungsbefehl gilt auch für mehrere hundert in Lhasa ansässige chinesische Händler und Beamte. Die neue chinesische Regierung reagiert darauf sofort mit der Ankündigung, Tibet müsse «befreit» werden.

1950 — Der Dalai Lama bittet die UNO in einem eindringlichen Appell um die Entsendung einer Untersuchungskommission. Sein Telegramm wird jedoch nie beantwortet. Auch der Antrag der Regierung von El Salvador, die Tibet-Frage in der UNO zu traktandieren, wird abgelehnt, weil «die Frage unter die nationale Kompetenz Chinas» falle.

1950 — Der Ausbruch des Koreakrieges provoziert die Unterstützung Südkoreas durch die Amerikaner, während China dem Norden beisteht.

1950 — Als 80 000 chinesische Soldaten die Grenze zu Tibet überschreiten, übernimmt der Dalai Lama im Alter von 15 Jahren die Staatsgewalt und damit die Verantwortung für das Schicksal seines Landes. Eine Bestandsaufnahme der tibetischen Armee – 8500 Soldaten, 50 Kanonen, 200 Maschinengewehre – lässt jeden Widerstand hoffnungslos erscheinen. Der Dalai Lama verlässt seinen Amtssitz und begibt sich an die Südgrenze des Landes nach Yatung, kehrt aber Ende des Jahres nach Lhasa zurück.

1951 — In Peking muss eine tibetische Delegation Ende Mai einen 17 Punkte umfassenden Vertragstext unterzeichnen, der das künftige Verhältnis der beiden Länder regelt. Es ist der Beginn der so genannten «friedlichen Befreiung» Tibets. Die Delegation hat keinen Verhandlungsspielraum. Allerdings geht sie davon aus, dass Religion, Mönchstum und auch die Institution des Dalai Lama nicht tangiert werden; denn der Vertrag hält in Punkt 7 fest: «Die religiösen Überzeugungen, Gebräuche und Sitten des tibetischen Volkes werden respektiert, und den Gemeinschaften der Lamas wird Schutz gewährt.» Mit dem Einmarsch von 3000 Soldaten am 9. September beginnt in Lhasa aber die nächste Stufe der Unterdrückung.

1954 — Der Dalai Lama reist zu Friedensgesprächen nach Peking. Er wird herzlich empfangen und trifft sich mit Mao Tse-tung sowie anderen Staatsmännern, die auf Besuch weilen, so mit dem indischen Premierminister Pandit Nehru und dem Zentralsekretär der Kommunistischen Partei Russlands, Nikita Chruschtschow. Der Dalai Lama fährt mehrere Monate durch China und ist beeindruckt vom marxistischen Gedankengut. Doch die Gespräche mit Mao Tse-tung enden ergebnislos. In der letzten Begegnung muss sich der Dalai Lama sagen lassen, Religion sei «Gift» für das Volk.

1955 — Konferenz von Bandung. 23 asiatische und 6 afrikanische Staaten wehren sich gegen Rassendiskriminierung und Kolonialisierung. China ist auch dabei.

1956 — Die chinesischen Behörden lancieren in Tibet eine so genannte «Demokratische Reform». Sie ist insbesondere gegen die Religion des Landes gerichtet, in der Peking die Hauptkraft des Widerstandes sieht. Klöster und Tempel werden systematisch geplündert und zerstört. Dass tibetische Freiheitskämpfer die Besetzer angreifen, vermag kaum mehr zu bewirken als Nadelstiche.

1956 — Der Dalai Lama reist zum 2500-Jahr-Jubiläum des Geburtstages von Buddha nach Indien. Das beunruhigt die chinesischen Behörden; sie befürchten, er könnte abspringen. Der Dalai Lama bespricht mit Premierminister Pandit Nehru die immer schlimmer werdende Situation in Tibet, doch Nehru kann – oder will – keine Hilfe anbieten. Der Dalai Lama trifft auch den chinesischen Außenminister Tschu En-lai. Tschu versichert ihm, Tibet sei «einzigartig» und China sehe in Tibet «keine Probleme». Der Dalai Lama kehrt zurück.

1957 — Die Europäische Wirtschaftsgemeinschaft EWG wird gegründet.

1958 — Tibetische Widerstandskämpfer werden mit Waffen ausgerüstet, die von der CIA finanziert worden sind. Sie greifen chinesische Konvois und Militärstützpunkte an.

1959 — In der UNO wird mit 45 Ja- gegen 9 Nein-Stimmen die Resolution 1353 angenommen. Sie fordert «Respekt für die fundamentalen Menschenrechte des tibetischen Volkes sowie für ihr kulturelles und religiöses Leben».

1959 — Am 10. März kommt es in Lhasa zum Massenaufstand. Er wird von den Besatzern mit größter Brutalität niedergeschlagen: In den folgenden Monaten sterben 87 000 Tibeter und Tibeterinnen. Auf dem Potala flattert nun die chinesische Flagge.

1959 — Eine Woche nach dem Massenaufstand, am 17. März, entscheidet sich der Dalai Lama zur Flucht. Am 20. Juni, aus dem Exil in Indien, kündigt er im Rahmen einer Pressekonferenz den 1954 mit China geschlossenen 17-Punkte-Vertrag auf. – Der Dalai Lama erhält in absentia den philippinischen «Ramon Magsaysay Award», das asiatische Pendant zum Friedensnobelpreis.

1960 — Als Widerstandsnester verdächtigte Klöster werden von den Besatzern bombardiert. – Die Internationale Juristen-Kommission bestätigt nach ihren Untersuchungen in Tibet, dass im Land Menschen hingerichtet, gefoltert und vergewaltigt werden. – 150 tibetische Widerstandskämpfer werden nach Amerika geflogen zur Ausbildung bei der CIA.

1960 — Der Dalai Lama erhält in absentia den amerikanischen «Lincoln Award» für seinen Einsatz für die Freiheit Tibets.

1961 — Die UNO fordert mit der Resolution 1723 zum zweiten Mal, in Tibet seien Menschenrechte, Freiheit und Unabhängigkeit zu wahren. – In Berlin beginnt der Bau der Mauer, mit der die Abwanderung aus dem Osten gestoppt werden soll.

1962 — Die UdSSR stationiert Atomwaffen auf Kuba. Als Antwort blockieren die USA die Versorgung des Landes. Es kommt zur Kubakrise; die Welt steht am Rande eines Atomkrieges.

1962 — Nach einer Inspektionsreise durch Tibet überreicht der 10. Panchen Lama Mao Tse-tung eine Petition, in der er die chinesische Politik und Misswirtschaft scharf kritisiert. Die Besetzung des Landes hat nicht nur zu einer Vernichtung des Kulturgutes geführt, sondern auch Hungersnöte in bislang unbekanntem Ausmaß hervorgerufen.

1963 — John F. Kennedy wird ermordet.

1963 — Der Dalai Lama erlässt für Tibet eine demokratische Staatsverfassung, basierend auf den buddhistischen Prinzipien und der Menschenrechterklärung. Seither werden die Mitglieder des tibetischen Exil-Parlaments direkt vom Volk gewählt. Gleichzeitig setzt der Dalai Lama durch, dass die Regeln der Demokratie auch für ihn gelten: Er selbst kann künftig mit Zweidrittelmehrheit abgesetzt werden.

1964 — Die USA greifen in den Vietnamkrieg ein.

1965 — Die UNO erlässt die Resolution 2079, in der – zum dritten Mal – die Bewahrung der fundamentalen Menschenrechte des tibetischen Volkes gefordert wird.

1965 — Am 9. September wird die «Autonome Region Tibet» gegründet. Die Hälfte des bisherigen Staatsgebietes – die Regionen Amdo und Kham – wird chinesischen Provinzen zugeschlagen.

1966 — Als Mao Tse-tung mit seiner Politik der «Mobilisierung der Massen» strauchelt, gewinnen Deng Xiaoping und andere mit einer den sowjetischen Entwicklungsmodellen verpflichteten Politik an Einfluss. Zwischen Mao und der sogenannten Viererbande kommt es zum Machtkampf, der schließlich in die Kulturrevolution mündet. Das Land gerät an den Rand eines Bürgerkriegs.

1966 — Die Roten Garden tauchen in Lhasa auf und setzen die systematische Vernichtung des tibetischen Kulturgutes fort.

1967 — Im Vertrag von Tlatelolco beschließen die Staaten Süd- und Mittelamerikas die weltweit erste atomwaffenfreie Zone.

1967 — Der Dalai Lama verlässt erstmals sein Exil und reist ins Ausland, nach Japan und Thailand. Er trifft den thailändischen König Bhumipol und den thailändischen Premierminister Thanom Kittikachorn. Während des Flugs sieht er über Vietnam einen amerikanischen B-52-Bomber. In seinen Aufzeichnungen hält er dazu fest: «Ich fühlte mich betroffen, als ich feststellen musste, dass man nicht einmal in zehntausend Metern Höhe vor dem Schauspiel der Unmenschlichkeit des Menschen gegenüber Mitmenschen sicher ist.»

1968 — Das Raumschiff Apollo 11 landet auf dem Mond. – Martin Luther King wird erschossen. – Die Truppen des Warschauer Paktes stoppen den «Prager Frühling». – USA, England und die UdSSR schließen untereinander den Atomwaffensperrvertrag ab (Non-Proliferation Treaty).

1968 — Präsident Richard Nixon stoppt die Unterstützung des tibetischen Widerstandes durch die USA.

1969 — Yasser Arafat wird PLO-Führer. In Irland bricht der Bürgerkrieg zwischen Protestanten und Katholiken aus.

1971 — Die Volksrepublik China tritt der UNO bei.

1972 — China und Japan beenden den seit 1937 bestehenden Krieg zwischen den beiden Ländern.

1972 — Der Dalai Lama reist nach Thailand.

1973 — Der Dalai Lama trifft Papst Paul V., den irischen Staatspräsidenten Erskine Childers und den irischen Premierminister Liam Cosgrave. Er reist nach Österreich, Belgien, Dänemark, Deutschland, Norwegen, Irland, Schweden, England, in die Niederlande und die Schweiz.

1974 — Auf Befehl des Dalai Lama geben die tibetischen Guerilleros ihre Waffen ab. Der gewaltsame Widerstand gegen die Besatzer ist damit zu Ende.

1974 — Der Dalai Lama reist zwei Mal in die Schweiz.

1975 ———————— Die letzten Amerikaner verlassen fluchtartig Vietnam.

1976 ———————— Mao Tse-tung stirbt. Die Viererbande wird von der Armee ausgeschaltet, was gleichzeitig das Ende der Kulturrevolution bedeutet.

1976 ———————— In Tibet hat die Kulturrevolution zu weiteren Zerstörungen geführt. Seit Beginn der Okkupation sind insgesamt 6251 Klöster, Tempel und andere Sakralbauten entweiht, geplündert und dem Erdboden gleichgemacht worden. Kulturgüter aus Gold, welche die Besetzer nicht zerstörten, brachten sie nach Peking, wo sie eingeschmolzen wurden. Die Zahl der Mönche und Nonnen, einst knapp 600 000, ist unter zehntausend gesunken. – Seit 1949 sind in Tibet rund 430 000 Menschen hingerichtet worden oder an den Haftbedingungen in den chinesischen Gefängnissen gestorben, ebenso viele kamen im Kampf gegen die Besatzungsmacht ums Leben. 350 000 verhungerten. Insgesamt starben über 1,2 Millionen Menschen.

1978 ———————— Der Dalai Lama reist nach Japan. Er trifft Premierminister Suzuki Zenko.

1979 ———————— Die UdSSR fällt in Afghanistan ein. – Schah Reza Pahlewi muss unter dem Druck der Opposition den Iran verlassen.

1979 ———————— Nachdem die USA die Volksrepublik offiziell anerkannt haben, tritt der in China inhaftierte 10. Panchen Lama nach 14 Jahren Umerziehung zum ersten Mal wieder in der Öffentlichkeit auf. – Gyalo Thöndup, einer der Brüder des Dalai Lama, trifft sich mit der chinesischen Regierung. Deng Xiaoping gesteht ihm gegenüber ein, dass Tibet unter der Herrschaft der Viererbande gelitten habe. Er sei bereit, über alle Fragen bezüglich der Zukunft Tibets zu diskutieren – mit Ausnahme einer vollständigen Unabhängigkeit. In der Folge erhält eine tibetische Delegation die Erlaubnis, zu einer Inspektionsreise nach Tibet aufzubrechen.

1979 ———————— Der Dalai Lama reist nach Griechenland und in die Mongolei. In der Mongolei wird ihm vom Asiatischen Buddhisten-Rat für Frieden die Spezial-Medaille überreicht. Der norwegische Flüchtlingsrat überreicht ihm für seinen Einsatz den Plakett-Preis. Die Stadt Houston, Texas, ernennt den Dalai Lama zu ihrem Ehrenbürger. Die University of California in Los Angeles (UCLA) erteilt ihm den Titel «Doctor of Buddhist Philosophy». Er erhält von den Bürgermeistern der jeweiligen Stadt den «Key to San Francisco» und den «Key to Los Angeles». Die Universität von Seattle ernennt den Dalai Lama zum «Doctor of Humanities».

1980 ———————— Der Parteisekretär der chinesischen Kommunistischen Partei, Hu Yaobang, besucht Tibet. Darauf kommt es zu einer – oberflächlichen – Liberalisierung: Der Buddhismus darf in Tibet wieder in beschränktem Maße ausgeübt werden; einzelne Heiligtümer und Klöster werden restauriert.

1982 ———————— Der Dalai Lama trifft den malaysischen Außenminister Abdul Rahman, den indonesischen Vizepräsidenten Adam Malik und Papst Johannes Paul II. Er reist nach Italien, Deutschland, Australien, Frankreich, Ungarn, Indonesien, Italien, Malaysia, Singapur und Spanien.

1983 ———————— Die Aussage des chinesischen Führers Deng Xiaoping, er sei bereit, über die Zukunft Tibets zu diskutieren, beschränkt sich auf wenige Zugeständnisse.

Obwohl das Land nun den Status «Autonome Region» hat, gehen die politischen Repressionen weiter, und die Regierung lehnt das Anliegen des Dalai Lama ab, sein Land besuchen zu dürfen.

1983 _____ Der Dalai Lama reist nach Österreich, Deutschland, in die Schweiz und die Türkei.

1984 _____ Der Dalai Lama reist nach Deutschland, Japan, England und in die USA. Die Universität von Paris ernennt ihn zum Ehrendoktor.

1985 _____ Der Dalai Lama reist in die Schweiz und die USA. 91 amerikanische Kongressmitglieder schreiben an den Präsidenten der Volksversammlung in Peking, China solle «den sehr vernünftigen und berechtigten Bestrebungen Seiner Heiligkeit des Dalai Lama und seines Volkes volle und gebührende Aufmerksamkeit schenken».

1986 _____ Der philippinische Diktator Ferdinand Marcos wird gestürzt.

1986 _____ Der Dalai Lama trifft den österreichischen Bundespräsidenten Rudolf Kirchschläger und den französischen Premierminister Jacques Chirac. Er reist nach Österreich, Frankreich, Deutschland, Italien, Holland. – Im Vatikan trifft er Papst Johannes Paul II.

1987 _____ Im amerikanischen Kongress in Washington stellt der Dalai Lama einen Fünf-Punkte-Plan vor, mit dem er den Status Tibets zu klären hofft. Tibet soll zu einer Friedenszone werden, die massive Sinisierung beendet und die Menschenrechte wiederhergestellt werden. Zudem soll das Land künftig weder als Standort für chinesische Atomwaffen noch als Lager für strahlende Abfälle dienen. – Der Dalai Lama reist nach Deutschland und in die Schweiz. In New York erhält er den «Albert Schweitzer Humanitarian Award» zugesprochen.

1987 _____ In Lhasa kommt es im Herbst zu neuen blutigen Aufständen. Ursache ist die anhaltende Unterdrückung: Mönche und Nonnen werden gefoltert, Frauen zu Abtreibungen gezwungen oder sterilisiert, Neugeborene erstickt oder mit Injektionen getötet.

1988 _____ In Straßburg stellt der Dalai Lama eine weiterentwickelte Fassung des Fünf-Punkte-Plans vor. Tibet soll ein sich selbst verwaltendes demokratisches Land werden – «in Verbindung mit der Volksrepublik China». – Der Dalai Lama reist nach Frankreich, Finnland, Deutschland, Schweden, England und in die Schweiz. Im Vatikan trifft er Papst Johannes Paul II. Die Universität von Tübingen, Deutschland, verleiht dem Dalai Lama den «Dr. Leopold-Lucas-Preis».

1989 _____ Die Berliner Mauer fällt. – Blutige Unruhen erschüttern die jugoslawische Provinz Kosova.

1989 _____ Bei einer Studentenrevolte auf dem Tiananmen-Platz in Peking kommt es zum Blutbad. Mindestens 155 Menschen sterben.

1989 _____ Am 5. März eröffnet die chinesische Polizei das Feuer auf Demonstranten in Lhasa. Laut tibetischen Quellen sterben 450 Menschen. Als Reaktion auf den Aufstand verhängen die chinesischen Behörden das Kriegsrecht über Lhasa.

1989 _____ Der Dalai Lama erhält in Oslo den Friedensnobelpreis. China protestiert

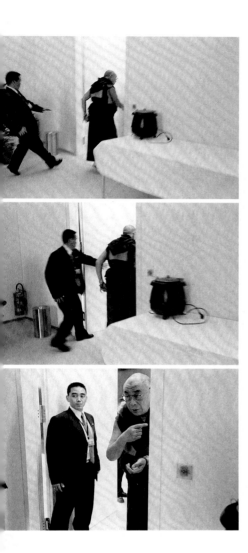

erfolglos. «Seit Adolf Hitler 1935 Wutanfälle wegen der Zuerkennung des Preises an den Friedenskämpfer Carl von Ossietzky bekam, hat kein Land derart heftig reagiert», erklärt der Vorsitzende des Komitees, Egil Aarvik. In Washington spricht der Kongressausschuss für Menschenrechte dem Dalai Lama den «Raoul Wallenberg Human Rights Award» zu. In Frankreich überreicht ihm Danielle Mitterrand «Le Prix de Memoire». – Der Dalai Lama trifft den mexikanischen Präsidenten Carlos Salinas de Gortari, den norwegischen König Olav und den norwegischen Premierminister Jan Syse. Er reist nach Frankreich, Ungarn, Österreich, Deutschland, Italien und Norwegen.

1990 — Die Sowjetunion löst sich in Einzelstaaten auf. – Die irakische Armee marschiert in Kuwait ein. – In Südafrika wird Nelson Mandela nach 27 Jahren Haft aus dem Gefängnis entlassen.

1990 — Der Dalai Lama trifft Papst Johannes Paul II. Weiter trifft er sich mit dem tschechoslowakischen Präsidenten Vaclav Havel und dem deutschen Staatspräsidenten Richard von Weizsäcker. Er reist nach Belgien, Kanada, Frankreich, Deutschland, Schweden, in die USA und die Schweiz. Die Universität von Bologna, Italien, ernennt den Dalai Lama zum «Doctor of Education». Die Universität von Karnataka, Indien, erteilt ihm den «Doctorate of Literature».

1991 — Die UNO-Kommission zum Schutz von Minoritäten nimmt die Resolution 1991/L19 an, mit der die chinesische Regierung aufgerufen wird, Freiheit und Menschenrechte des tibetischen Volkes zu respektieren. Es ist die erste Resolution seit dem Beitritt Chinas zur UNO. – Der Warschauer Pakt wird aufgelöst. – Südafrika gibt die Abkehr von der Apartheid bekannt. – Die serbische Armee überfällt Slowenien und Kroatien.

1991 — Die tibetische Exil-Regierung erklärt den Fünf-Punkte-Plan des Dalai Lama für ungültig, nachdem die chinesische Regierung sich nicht nur ablehnend geäußert, sondern in Tibet noch schärfer durchzugreifen begonnen hat. Trotzdem verstärkt der Dalai Lama seine Bemühungen um eine friedliche Lösung weiter. An der Yale-Universität in den USA erklärt er, nach Tibet reisen zu wollen, um in Gesprächen «das Verständnis zu fördern und eine Basis für eine Verhandlungslösung zu finden». Doch China gibt keine Erlaubnis; die Reise findet nie statt. – Der Dalai Lama trifft sich mit der irischen Staatspräsidentin Mary Robinson, dem amerikanischen Präsidenten George Bush, Prinz Hans Adam von Liechtenstein, dem schweizerischen Außenminister René Felber, dem österreichischen Präsidenten Kurt Waldheim, dem litauischen Präsidenten Vytautas Landsbergis, dem lettischen Präsidenten Anatolijs Gorbunvos, dem bulgarischen Präsidenten Zhelyn Zhelev und dem englischen Premierminister John Mayor. Er reist nach Österreich, Belgien, Dänemark, Estland, Frankreich, Deutschland, Italien, Litauen, Liechtenstein, Lettland, Norwegen, Irland, Schweden, England, Russland, in die USA, die Autonome Republik Buriatien, die Mongolei, die Schweiz und in den Vatikan. – In den USA erhält der Dalai Lama vom Freedom House den «Advancing Human Liberty-Award», den «Distinguished Peace Leadership Award» der Nuclear

Age Peace Foundation, den «Earth Prize» von United Earth und dem UNO-Environmental Program. Die Nationale Friedenskonferenz in Indien überreicht ihm den «Peace and Unity Award».

1992 _____ China tritt dem Atomwaffensperrvertrag bei, allerdings ohne ihn zu ratifizieren.

1992 _____ Der Dalai Lama trifft sich mit dem australischen Premierminister Paul Keating, dem neuseeländischen Premierminister Jim Bolger, dem argentinischen Präsidenten Carlos Menem, dem chilenischen Präsidenten Patricio Aylwin und dem österreichischen Präsidenten Thomas Klestil. Er reist nach Australien, Österreich, Brasilien, Chile, Deutschland, Ungarn und in die USA. – Die Universität von Melbourne, Australien, verleiht dem Dalai Lama den Ehrendoktor für Jurisprudenz. Die katholische Universität von São Paulo, Brasilien, erteilt ihm den Ehrendoktortitel.

1993 _____ Die CSSR spaltet sich in Tschechien und die Slowakei.

1993 _____ Der Dalai Lama trifft den französischen Präsidenten François Mitterrand, den österreichischen Präsidenten Thomas Klestil und den amerikanischen Präsidenten Bill Clinton. Er reist nach Österreich, Frankreich, Polen, England und in die USA. – Die Universitäten von Aberdeen und St. Andrews, England, überreichen dem Dalai Lama Ehrendoktortitel für Jurisprudenz.

1994 _____ In der UNO gelingt es China, eine moderate Verurteilung des Landes bezüglich seiner Menschenrechtsverfehlungen zu verhindern.

1994 _____ In Ruanda ermorden die Hutus eine halbe Million Tutsis.

1994 _____ China versucht weiterhin den tibetischen Buddhismus auszumerzen und startet eine neue Unterdrückungskampagne. Regierungsstellen bestimmen nun, wer Mönch oder Nonne werden darf. Sie werden streng kontrolliert.

1994 _____ Der Dalai Lama trifft den amerikanischen Präsidenten Bill Clinton, den belgischen Premierminister Jean Luc Dehaene, den italienischen Präsidenten Oscar Luigi Scalfaro, den italienischen Premierminister Silvio Berlusconi, die nicaraguanische Präsidentin Violeta Barrios de Chamorro und die norwegische Premierministerin Gro Harlem Brundtland. Er reist nach Frankreich, Italien, Japan, Spanien, England und in die USA, die Schweiz, die Mongolei und die Niederlande. – Die Hebräische Universität von Jerusalem ernennt den Dalai Lama zu ihrem Honorary Fellow. Die Columbia Universität, New York, überreicht ihm den «Doctor of Human Arts and Lettres». Vom Franklin and Eleanor Roosevelt Institute in Middelburg, Holland, erhält er den «Roosevelt Four Freedoms Award».

1995 _____ Türkische Truppen greifen die kurdischen Separatisten im Nordirak an.

1995 _____ Der Dalai Lama trifft den Premierminister von Trinidad und Tobago, Patrick Manning, den amerikanischen Präsidenten Bill Clinton, den deutschen Außenminister Klaus Kinkel und den schweizerischen Außenminister Flavio Cotti. Er reist nach Österreich, Deutschland und in die USA.

1996 _____ China führt auf tibetischem Boden den 56. Atombombentest durch.

| 1996 | Der Dalai Lama reist nach Frankreich, Deutschland, Ungarn, Italien, Neuseeland, Schweden, England, in die USA, die Schweiz und den Vatikan. Er trifft den EU-Präsidenten Jacques Santer, den australischen Premierminister John Howard, den neuseeländischen Premierminister Jim Bolger, den südafrikanischen Präsidenten Nelson Mandela, die Mutter von Königin Elizabeth, Papst Johannes Paul II. und Prinz Albert von Monaco. – Die Sun-Yatsen-Universität auf Taiwan verleiht dem Dalai Lama den Ehrendoktortitel für Philosophie. |

| 1997 | Der Dalai Lama reist nach Frankreich und Spanien. Er trifft den amerikanischen Präsidenten Bill Clinton und den taiwanesischen Präsidenten Lee Teng-hui. |

| 1998 | In den USA läuft das Impeachment-Verfahren gegen Bill Clinton wegen seiner Affäre mit Monica Lewinsky. |

| 1998 | Der Dalai Lama reist nach Österreich, Frankreich, Deutschland, Japan, in die USA und die Schweiz. Er trifft den französischen Präsidenten Jacques Chirac, UNO-Generalsekretär Kofi Annan und den amerikanischen Präsidenten Bill Clinton. |

| 1999 | Russland nimmt den Krieg gegen Tschetschenien wieder auf. |

| 1999 | Am 28. Dezember flieht der 17. Karmapa als einer der letzten in Tibet verbliebenen geistigen Führer. |

| 1999 | Der Dalai Lama reist nach Deutschland, England, in die USA, die Niederlande und die Schweiz. Er trifft den israelischen Erziehungsminister Yossi Sarid, Papst Johannes Paul II., den italienischen Premierminister Massimo D'Alema, den niederländischen Premierminister Wim Kok, den deutschen Außenminister Joschka Fischer, den englischen Premierminister Tony Blair, den belgischen Premierminister Jean Luc Dehaene, den chilenischen Präsidenten Eduardo Frei und den brasilianischen Präsidenten Fernando Henrique Cardoso. – In Jerusalem erhält der Dalai Lama von der Hadassah Women's Zionist Organization den «Life Achievement Award». |

| 2000 | In der Türkei wird die Hinrichtung von Abdullah Öcalan, Anführer der kurdischen Arbeiterpartei PKK, ausgesetzt. |

| 2000 | Der Dalai Lama reist nach Dänemark, Deutschland, Japan, Norwegen, Schweden. Er trifft den tschechischen Präsidenten Vaclav Havel, den ungarischen Premierminister Viktor Orban, den amerikanischen Präsidenten Bill Clinton, den norwegischen Premierminister Jens Stoltenberg, den norwegischen König Harold, den dänischen Premierminister Poul Nyrup Rasmussen, den schwedischen Premierminister Göran Persson, den polnischen Premierminister Jerzy Buzek und den deutschen Innenminister Otto Schily. |

| 2001 | In New York stürzen nach einem Al-Qaida-Attentat die beiden Türme des World Trade Center zusammen. |

| 2001 | Der Dalai Lama reist in die Schweiz, nach Frankreich und Norwegen. Er trifft sich mit dem litauischen Präsidenten Valdas Adamkus, der lettischen |

Präsidentin Vaira Vike-Freiberga und dem estnischen Premierminister Mart Laar.

2002 ──────── Der Dalai Lama besucht die Tschechische Republik, Slowenien, Kroatien und Österreich. Er trifft sich mit dem kroatischen Premierminister Ivica Racan, dem slowenischen Präsidenten Milan Kucan, dem neuseeländischen Premierminister Jim Anderton und dem tschechischen Präsidenten Vaclav Havel.

2003 ──────── Amerikanische Truppen besetzen mit Unterstützung verschiedener anderer Länder den Irak. – In Den Haag kommt Slobodan Milosevic vor Gericht.

2003 ──────── Der Dalai Lama reist durch die Mongolei und die USA und trifft den peruanischen Präsidenten Alexander Toledo, den amerikanischen Präsidenten George W. Bush, den amerikanischen Außenminister Colin Powell, den dänischen Premierminister Anders Fogh Rasmussen und den deutschen Außenminister Joschka Fischer. – In Stockholm wird dem Dalai Lama die «Sigtuna Medal In Defence Of Human Dignity and Freedom» überreicht, in New York der «International League For Human Rights Award».

2004 ──────── Im Irak wird Saddam Hussein gefangen genommen.

2004 ──────── Der Widerstand Chinas gegen den Dalai Lama hält nicht nur im tibetischen Inland, sondern auch im Ausland an: Als der chinesische Botschafter in Russland einen buddhistischen Tempel in der Republik Kalmückien besuchen will, weigert er sich einzutreten, solange ein Bild des Dalai Lama auf dem Altar steht. – Die Europäische Union führt mit China Gespräche zum Thema Menschenrechte; gleichzeitig fordert sie einen «direkten Dialog» zwischen China und Tibet.

2004 ──────── Der Dalai Lama trifft den Prinzen von Wales und den kanadischen Premierminister Paul Martin, den indischen Ministerpräsidenten Manmohan Singh und die Präsidentin des indischen Nationalkongresses, Sonia Gandhi; er trifft Abel Pacheco, Präsident von Costa Rica, Tony Saca, Präsident von El Salvador, Óscar José Rafael Berger Perdomo, Präsident von Guatemala, und Nelson Mandela, den ehemaligen Präsidenten von Südafrika. Er reist nach Frankreich, Kanada, Puerto Rico und in die USA. Die Universitäten von British Columbia, Toronto, Miami, Puerto Rico, Costa Rica und Mexico City verleihen ihm je einen Ehrendoktor. Von der Simon-Fraser-Universität in Vancouver erhält er den «Special Honorary Degree», und die Buddhist Society in London überreicht ihm den «Humphreys Memorial Award for Services to Buddhism».

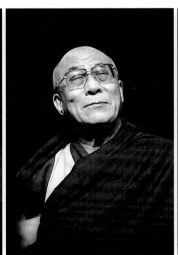
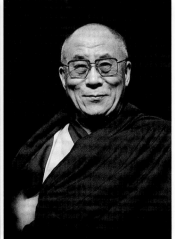

| Schlossberg | Graz | Österreich | 18. Oktober 2002

# ANHANG

Dank…

…an die Sekretäre und Mitarbeiter des
Private Office des Dalai Lama
Venerable Paljor | Dharamsala | Indien
Venerable Tashi | Dharamsala | Indien
Venerable Bhuchung | Dharamsala | Indien
Tenzin Geyche Tethong | Dharamsala | Indien
Lobsang Jinpa | Dharamsala | Indien
Venerable Lhakdor | Dharamsala | Indien
Tenzin Taklha | Dharamsala | Indien
Ngari Rinpoche | Dharamsala | Indien
…für ihre unermüdliche
Unterstützung dieses Projektes.

…an die über alle Kontinente verstreuten
Repräsentanten des Dalai Lama
und ihre Mitarbeiter, insbesondere
Kasur Lodi G. Gyari und
Lesley Friedell | Washington D. C. | USA
Kelsang Gyaltsen und
Tenzin W. Dunchu | Brüssel | Belgien
Tashi Wangdi | Neu Delhi | Indien
Ngawang Rabgyal und
Annie Warner | New York | USA
Tashi Phuntsok | Paris | Frankreich
Chhime R. Chhoekyapa | Genf | Schweiz
Migyur Dorjee und Lochoe | London | England
Zatul Rinpoche | Tokio | Japan
Ngawang Gelek und Tashi | Moskau | Russland
Sonam Tenzin | Budapest | Ungarn

…an die Liaison Officers der Indischen Regierung
R. K. Kapil, K. S. Bharti und
K. T. Bhutia | Dharamsala | Indien

…an die Heads of Protocol der verschiedenen
Regierungen, im Speziellen
Wilfried W. Baur | Straßburg | Frankreich

…an die Bodyguards des Dalai Lama
Jamphel Lhundup | Dharamsala | Indien
Tenzin Gaden | Dharamsala | Indien
Chophel | Dharamsala | Indien
Tenzin Puntsok | Dharamsala | Indien
Kalsang Tashi | Dharamsala | Indien
Pema Tsewang | Dharamsala | Indien
Senge Rabten | Dharamsala | Indien

und die Sicherheitsdienste
während der Reisen, insbesondere
Ngodup Dongchung und
Yeshi Chodak | Dharamsala | Indien
Josef Zvêrina | Prag | Tschechien
Diplomatic Security Service
des State Department | Washington D. C. | USA
Kommando Kobra Süd | Graz | Österreich

…an Manuel Bauers tibetische Freunde
Shiwalha Rinpoche | Séra | Indien
Taksham Rinpoche und
Tsewang Taksham | Rapperswil | Schweiz
Tempa Tsering | Dharamsala | Indien
Venerable Thupten Ngodup | Dharamsala | Indien
Geshe Karma Lobsang Chöphel | Dharamsala | Indien
Jamyang Norbu | Dharamsala | Indien
Tashi Tsering | Dharamsala | Indien
Lhasang Tsering | Dharamsala | Indien
Christophe Besuche | Genf | Schweiz
Tenzin Dorjee | Dharamsala | Indien
Ritu Sarin | Dharamsala | Indien
Tenzin Sonam | Dharamsala | Indien
Karma Lobsang | Nidau | Schweiz
Estelle Halbach | Toronto | Kanada
…für ihr selbstloses Engagement und die Einführung
in eine ebenso traurige wie wunderbare Welt.

…an Manuel Bauers fotografischen Lehrmeister
Thomas Cugini | Zürich | Schweiz
und alle Fotografen, Fotografinnen und Mitarbeitende
von Lookat Photos | Zürich | Schweiz

... an die Initianten, Inspiratoren und Auftraggeber
Hans Reutimann | Meilen | Schweiz
Ruth und Robert Jenny | Ziegelbrücke | Schweiz
Bernard und Rashna Imhasly | New Delhi | Indien
Martin Brauen | Bern | Schweiz
Dieter Bachmann | Avegno | Schweiz
Jürg Klotz und
Kurt Brandenberger | Zürich | Schweiz
Eberhard Fischer | Zürich | Schweiz
Albert Lutz | Zürich | Schweiz
Peter-Matthias Gaede und
Ruth Eichhorn | Hamburg | Deutschland
... für Unterstützung, Anregung und Vertrauen.

... an die beiden Autoren
Howard C. Cutler | Phoenix | USA
Victor Chan | Vancouver | Kanada
... für witzige Momente und den interessanten
Austausch auf vielen Reisen.

... an die Freunde von Tibet Culture & Trekking Tour
Dawa Sigrist, Peter Meyer, Tashi Kälin und
Philip Hepp | Zürich | Schweiz
... für die Organisation der unzähligen Flüge
und Fahrten.

... für fotografische Kritik und Anregung
Nicole Aeby | Zürich | Schweiz
Frank Bodin | Zürich | Schweiz
René Burri | Paris | Frankreich
Walter Keller | Zürich | Schweiz
Margot Klingsporn | Hamburg | Deutschland
Peter Pfrunder | Winterthur | Schweiz
Robert Pledge | New York | USA
Fred Ritchin | New York | USA
Urs Stahel | Winterthur | Schweiz

... an die Lektoren und Lektorinnen
der Texte, insbesondere
Peter Lindegger | Winterthur | Schweiz
Martin und Sabine Kalff | Zollikon | Schweiz
Ursi Schachenmann | Zürich | Schweiz
... für Anregungen und Genauigkeit.

... an die Übersetzer und Übersetzerinnen
Margret Bröchin | Paris | Frankreich
Christoph Spitz | Bienenbüttel | Deutschland
Georg Sütterlin | Rapperswil | Schweiz
Rafaël Newman | Zürich | Schweiz
Christine Chareyre | Paris | Frankreich
... für die Bewältigung kleiner und großer Knacknüsse.

... an proof
Marion Elmer, Mirjam Ghisleni
und Robert Züblin | Zürich | Schweiz
... für den unermüdlichen Einsatz bei den Lizenz-
verhandlungen.

... an die Fachleute
Beat Buchschacher, Ernst Egli, Matthias Moll und
Christian Spirig | Glattbrugg | Schweiz
... für Geduld und Präzision beim Scannen und
Bearbeiten der Fotografien.

Andreas Scheffknecht und
Daniel Bättig | Uetikon am See | Schweiz
... für die Grundlagen der Bilddatenbank.

Loden Ribi | Zürich | Schweiz
... für die tibetische Typografie.

Martin Peer | Zürich | Schweiz
Tina Keck | Köln | Deutschland
... für die Organisation der begleitenden Ausstellung.

... für großzügige finanzielle Unterstützung
**Andreas Reinhart**
**und der Volkart Stiftung** | Winterthur | Schweiz
**Martin Seiz**
**und der Hamisil-Stiftung** | Zürich | Schweiz
**Eisuke Wakamatsu** | Tokio | Japan
... ohne die dieses Projekt nie zustande
gekommen wäre!

... und an Manuel Bauers Familie
**Andrea Linsi Bauer,**
**Marika und Yorick** | Winterthur | Schweiz
**Fred Bauer** | Küsnacht | Schweiz
... für Liebe und Verständnis.

Autoren:

**Manuel Bauer**
1966 in Zürich geboren, absolvierte eine Lehre als
Werbefotograf und wandte sich danach der
Reportagefotografie zu. Seit 1990 arbeitet er haupt-
sächlich an Langzeitprojekten. Er ist bekannt
für seine Arbeiten über Indien, Tibet und die Menschen im tibetischen Exil. Er unterrichtet
Fotojournalismus in der Schweiz und hat zahlreiche
internationale Fotopreise gewonnen. Er wird
durch die Agentur Focus in Hamburg vertreten.

**Matthieu Ricard**
1946 in Paris geboren, forschte am Pariser Institut
Pasteur im Bereich Molekulargenetik, bevor er
buddhistischer Mönch wurde. Er ist der französische
Übersetzer des Dalai Lama und lebt seit dreißig
Jahren im Kloster Shechen in Nepal. Ricard
veröffentlichte zahlreiche Bücher über verschiedene
Aspekte des Buddhismus im Himalaja.

**Christian Schmidt**
1955 in Zürich geboren, studierte Journalismus in
Zürich und Fribourg. Seit 1984 arbeitet er
als freischaffender Journalist für verschiedene
Printmedien. Er ist Autor und Herausgeber
mehrer Bücher. Viele seiner Publikationen hat
er zusammen mit Manuel Bauer realisiert.

**Koni Nordmann**
1962 in Zürich geboren, arbeitete fünfzehn Jahre
als Reportagefotograf für internationale Zeitschriften
und Magazine. Er ist Mitbegründer des Verlags
KONTRAST in Zürich und seit 1999 Studienleiter
Fotografie am MAZ – Die Schweizer Journalisten-
schule, Luzern.

Verwendete und weiterführende Literatur:

Arpi, Claude: **Tibet, le pays sacrifié**
(Calmann-Lévy, Paris 2000)

Avedon, John F.: **In Exile from the Lands of Snow**
(Vintage Books, New York 1986)

Barnett, Robert (Editor):
**Resistance and Reform in Tibet**
(Indiana University Press, Bloomington 1994)

Barraux, Roland: **Die Geschichte der Dalai Lamas**
(Walter Verlag, Solothurn/Düsseldorf 1995)

Brauen, Martin (Hrsg.): **Die Dalai Lamas**
(Arnoldsche Verlagsanstalt, Stuttgart 2005)

Craig, Mary: **Kundun**
(Bastei Lübbe, Bergisch Gladbach 1998)

Craig, Mary: **Tränen über Tibet**
(Scherz, Bern/München/Wien 1993)

Cutler, Howard C: **The Art of Happiness**
(Hodder and Stoughton, London 1998)

Dalai Lama: **Mein Leben und mein Volk**
(Droemersche Verlagsanstalt, München/Zürich 1962)

Dalai Lama: **A Human Approach to World Peace**
(Wisdom Publications, New York 1984)

Dalai Lama: **Ausgewählte Texte**
(Goldmann, München 1987)

Dalai Lama: **Das Buch der Freiheit**
(Gustav Lübbe Verlag, Bergisch Gladbach 1990)

Dalai Lama: **Freedom in Exile**
(Harper Collins, New York 1990)

Dalai Lama: **Ancient Wisdom – Modern World**
(Abacus, London 1990)

Dalai Lama: **Speeches, Statements, Articles,
Interviews 1987–1995**
(DIIR, Dharamsala 1995)

Dalai Lama: **The World of Tibetan Buddhism**
(Wisdom Publications, Massachusetts 1995)

Dalai Lama: **Freedom in Exile – the Autobiography**
(Abacus, London 1998)

Dalai Lama and Chan, Victor:
**The Wisdom of Forgiveness**
(Riverhead, New York 2004)

Dalaï-lama: **Au loin la liberté**
(Fayard, Paris 1990)

Dalaï-lama: **Enseignements essentiels**
(Albin Michel, Paris 1976)

Dalaï-lama: **La Méditation au quotidien**
(Olizane, Genève 1991)

Dreifus, Claudia: **Interview with the Dalai Lama**
(New York Times, 28. November 1993)

Ford, Robert: **Captured in Tibet**
(Oxford University Press, Oxford/New York 1990)

Goleman, Daniel: **Destructive Emotions**
(Bantam, New York 2004)

Golzio, Karl-Heinz und Bandini, Pietro:
**Die vierzehn Wiedergeburten des Dalai Lama**
(Scherz Verlag, Bern/München/Wien 1997)

Hilton, Isabel: **Die Suche nach dem Pantschen Lama**
(C. H. Beck, München 2002)

Iyer, Pico: **The God in Exile**
(Time Magazine, 22. Dezember 1997)

Kristof, Nicholas D. und WuDunn, Sheryl:
**China erwacht** (Econ, Düsseldorf 1995)

Lehman, Steve: **The Tibetans – A Struggle To Survive**
(Umbrage Editions, New York 1998)

Mullin, Glenn H.: **The Fourteen Dalai Lamas**
(Clear Light Publishers, Santa Fe 2001)

Norbu, Jamyang: **Warriors of Tibet:
The Story of Aten and the Khampa's Fight for the
Freedom of their Country**
(Wisdom Publications, Massachusetts 1987)

Pema, Jetsun: **Zeit der Drachen
Die Autobiographie der Schwester des Dalai Lama**
(Hoffmann und Campe, Hamburg 1997)

Pommaret, Françoise:
**Le Tibet, une civilisation blessée**
(Éditions Gallimard, Paris 2002)

Revel, Jean-François und Ricard, Matthieu:
**Der Mönch und der Philosoph**
(Kiepenheuer & Witsch, Köln 2003)

Ricard, Matthieu u. a.: **Buddhismus im Himalaja**
(Knesebeck, München 2002)

Schwartz, Ron: **Circle of Protest**
(Columbia University Press, New York 1994)

Tsering, Diki: **Dalai Lama – My Son**
(Penguin Books, Delhi 2000)

Van Walt van Praag, Michael: **The Status of Tibet**
(Westview Press, Boulder 1987)

Internet:

The Government of Tibet in Exile:
www.tibet.com

World Tibet Network News:
www.tibet.ca/en/wtnarchive

Tibetan Centre for Human Rights and Democracy:
www.tchrd.org

International Campaign for Tibet:
www.savetibet.org

Tibet Information Network:
www.tibetinfo.net

Gesellschaft Schweizerisch-Tibetische Freundschaft:
www.tibetfocus.com

Tibet Initiative Deutschland:
www.tibet-initiative.de

France-Tibet:
www.tibet.fr

Toute l'actualité du Tibet:
www.tibet-info.net

Bildarchiv Manuel Bauer:
www.dalailama-archives.org

Impressum:

© 2005 für die Fotografie:
**Manuel Bauer** | Winterthur | Schweiz
www.manuelbauer.ch

© 2005 für die deutsche Ausgabe:
**Deutsche Verlags-Anstalt** | München | Deutschland
www.dva.de

Konzept und Realisation:
**KONTRAST** | Zürich | Schweiz
www.kontrast.ch

Buchgestaltung:
**Alberto Vieceli** | Zürich | Schweiz
www.prill-vieceli.cc

Lithos:
**Egli. Kunz & Partner** Polygrafie AG
Glattbrugg | Schweiz
www.ekp.ch

Druck und Einband:
**Wachter GmbH** | Bönnigheim | Deutschland
www.wachter.de

Alle Rechte vorbehalten
ISBN 3-421-05873-3

Bibliografische Information Der Deutschen Bibliothek
Die Deutsche Bibliothek verzeichnet diese
Publikation in der Deutschen Nationalbibliografie;
detaillierte bibliografische Daten sind im Internet
über <http://dnb.ddb.de> abrufbar.

Die französische Ausgabe erscheint unter dem Titel:
**Voyage pour la Paix**
bei Éditions de La Martinière | Paris | Frankreich
ISBN 2-7324-3274-1
www.lamartiniere.fr

Die englische Ausgabe erscheint unter dem Titel:
**Journey for Peace**
bei Scalo | Zürich–Berlin–New York
ISBN 3-03939-006-6
www.scalo.com